KNAUR
BALANCE

JANINA GRUBER

NUMEROLOGIE

Wie du durch die Magie
deiner Geburtszahlen
dein wahres Potenzial lebst

Besuchen Sie uns im Internet:
www.knaur-balance.de

Originalausgabe März 2023

Ein Imprint der Verlagsgruppe
Droemer Knaur GmbH & Co. KG
Landsberger Straße 346, 80687 München

Redaktion: Ariane Novel
Covergestaltung: Buxdesign | Lisa Höfner
nach einer Idee von Janina Gruber
Coverabbildung: detchana wangkheeree/Shutterstock.com
Abbildungen im Innenteil: siehe Bildnachweis auf der letzten Seite
Satz und Layout: Adobe InDesign im Verlag
Druck und Bindung: Drukarnia Dimograf Sp. z o. o., Bielsko-Biała, Polen
ISBN 978-3-426-67629-5

Kontaktadresse nach EU-Produktsicherheitsverordnung:
produktsicherheit@droemer-knaur.de

4 6 7 5 3

Für Peter

Inhalt

Teil 3:
Workbook

8
8
1
1
2
2

Teil 1

NUMEROLOGISCHE ENTDECKUNGSREISE

Willkommen

Deine Energie ist unbeschreiblich.
Du bist unbeschreiblich – und Numerologie macht es möglich, diese Regel zu brechen! Deine tiefste Wahrheit lässt sich in Zahlen übersetzen, und mit deinem Geburtsdatum hast du es längst getan.
Ich wünsche dir viel Freude beim Entdecken deiner Kraft!

Kapitel 1

Einstimmung auf ein neues Bewusstsein

Dieses Buch ist ein Portal

Alltagstauglicher Türöffner und spiritueller Wegweiser zugleich: Du kannst dieses Buch nutzen, um dich durch die Zahlen deines Geburtsdatums in deiner Einzigartigkeit zu begreifen und dafür, dein Leuchten in die Welt zu tragen.

Dieses Buch ist ein Begleiter

Als Inspirationsquelle, Nachschlagewerk und Workbook zeigt es dir, mit welcher Leichtigkeit du durch die Numerologie Klarheit über dich selbst erlangen wirst.

Dieses Buch beginnt anders

Du wirst kein klassisches Vorwort finden, denn natürlich startet ein Buch zum Thema Numerologie mit Teil 1. Die 1 ist die Zahlenkraft des Anfangs, der Inspiration und der Initiation. Der Einstieg in dieses Buch eröffnet dir einen energetischen Raum, den du nutzen kannst, um etwas völlig Neues in dein Leben einzuladen. Ganzheitliche Numerologie kann dir helfen, dich an die endlose Fülle zu erinnern, die dein Leben für dich bereithält. Ich wünsche dir viel Freude mit dieser kleinen Einstimmung.

Ich lade dich ein, dir drei Fragen zu stellen. Nimm dir für jede ein paar Momente Zeit und achte auf das Gefühl, das sich gleich nach dem Lesen in dir einstellt. Das universelle Gesetz des Anfangs lehrt uns: Was zählt, ist der erste Impuls.

Kleines Ritual, um deine Zahlenkraft wahrzunehmen

Leg zunächst die Erwartung ab, dass sofort irgendetwas Besonderes passieren muss. Wähle eine Frage und gönn dir einen Moment der Stille. Richte deinen Blick nach innen. Komm ganz bei dir an.
Schenke deinen inneren Bildern Raum. Lass sie einfach da sein. Tauche tief ein in die Sanftheit deines Herzens. Frag dich:

1. Wie wäre dein Leben, wenn du dir erlauben würdest, seine Wunder zuzulassen?
2. Wie wärst du, wenn du niemand sein müsstest?
3. Was würde sich eröffnen, wenn du dir selbst zu 100 Prozent vertrauen würdest?

Deine ganz persönlichen Antworten auf diese Fragen sind ein erstes Vorfühlen. Ein Erinnern an die Zukunft, denn dein volles Potenzial liegt bereits in dir. Die Ganzheitliche Numerologie wird es dir mit all seinen Facetten eröffnen, damit du es nicht nur erkennen, sondern endlich auch entwickeln kannst.

Wir stehen unserem Licht nur zu gern selbst im Weg. Hast du Lust, zur Seite zu gehen? Willst du entdecken, wie schön du leuchtest und noch viel erfüllter (er)leben, wer du wirklich bist? Dann lass uns gemeinsam in die Magie der Numerologie eintauchen!

Wie du dieses Buch am besten liest

Bevor du beginnst, möchte ich dich bitten, deinen Geist zu befreien: Öffne dich neugierig, um den kosmischen Code deines Geburtsdatums zu entdecken. Öffne dich dafür, so sehr *du selbst* zu werden wie nie zuvor. Öffne dich für mehr Leichtigkeit in deinem Leben. Öffne dich dafür, die Lösungen für all deine Herausforderungen kennenzulernen, die nur darauf warten, entdeckt zu werden. Leg deine alten Konzepte ab, die dir bisher gesagt haben, was möglich ist und was nicht.

Du wirst wundervolle Kräfte kennenlernen, die jenseits unserer sinnlichen Realität existieren.

Diese Welt macht vielen Angst, weshalb sie gerne als Aberglauben abgetan wird. Du wirst in diesem Buch erfahren, dass Zahlenkraft Wahrheit ist und wie sie auf zauberhafte Weise unser Leben durchwirkt.

Verbinde dich mit der Energie dieses Buches und mit dem, was es dir eröffnen wird: die tiefe Verbindung zu dir selbst. Erlaube dir, dass es leicht sein darf und beim Lesen alles zu erkennen, was ich dir zeigen möchte. Nimm das Bewusstsein hinzu, dass sich durch die Zahlen alles zeigen kann, was dir für deine nächsten Schritte dienlich ist.

Dieses Buch ist ein Alltagsbegleiter, der dich immer wieder aufs Neue inspirieren kann. Ein Energiefeld, das dir lichtvoll dein Potenzial spiegelt. Es besteht aus 7 (die Zahl der Lebensfreude) Kapiteln, die sich aus den folgenden 3 (die Zahl der Entwicklung) Teilen zusammensetzen:

Teil 1: Numerologische Entdeckungsreise
Dieser Teil offenbart dir den ganzen Zauber der Numerologie und lässt dich verstehen, wie Zahlenenergien wirken und warum du mit dieser Lehre dein ganzes Wachstumspotenzial freisetzen kannst.

Teil 2: Zahlen
Dieses numerologische Nachschlagewerk lässt dich tief eintauchen in die Welt der Grundzahlen 0–9. Sie sind die Grundschöpfungskräfte unseres Universums und offenbaren dir ihre Wirkweise und zudem tiefste Erkenntnis über dich selbst. Außerdem erfährst du alles über besondere Aspekte deines Geburtsdatums und was sie für dich bereithalten.

Teil 3: Das Workbook
In diesem Praxisteil entschlüsselst du deinen kosmischen Code! Du erfährst, wie du wegweisende Zahlen selbst berechnen kannst, du decodierst deinen Namen und lernst, wie deine Numerologie durch dich Lebendigkeit erfährt.

Kapitel 2

Die Magie der Numerologie

Auf den Punkt gebracht: Das solltest du über Zahlenenergie wissen

Die Ganzheitliche Numerologie ist eine metaphysische Lehre und beinhaltet das jahrtausendealte Wissen um die Kraft der Zahlen. Anhand der Zahlen definieren wir Zeit, Entfernungen, Gewichte und Werte. Durch Zahlen werden die Dinge *berechenbar,* was sich auf Ebene der modernen Wissenschaft beispielsweise in der Mathematik und in der Physik ausdrückt. Erst die Zahl befähigte den Menschen, komplexere Bauwerke zu errichten, erst die Zahl machte es möglich, aus Himmelsbeobachtungen Kalender zu erstellen. Nicht umsonst gibt es neben den Begriffen »heilige Mathematik« und »heilige Geometrie« auch den der »heiligen Numerologie«.

Das Wissen über die Zahlenenergien gehört der Metaphysik an, einem Teilbereich der Philosophie. Der altgriechische Begriff *ta metá ta physiká* bedeutet so viel wie »jenseits der Physik« und betrachtet die Dinge hinter den Dingen, gewissermaßen von einer höheren Ebene aus.

Wo uns Zahlen – ganz bodenständig und allgegenwärtig – unterstützen, die Dinge um uns herum einzuordnen, war den Menschen vieler Hochkulturen bereits bewusst:

Zahlen können uns helfen,
uns selbst einzuordnen.

Metaphysische Lehren sollen uns bei der Selbsterkenntnis unterstützen. Das Spannende daran ist, dass alle auf der Weisheit der Zahlen basieren, ja sogar aus ihr zu entspringen scheinen.
So gründet sich die Astrologie auf der Energie der Zahlenkraft 12, die den Zwölferrhythmus der Vollkommenheit beschreibt. Man erkennt ihn in den 12 Tierkreiszeichen, die übrigens nichts mit Tieren zu tun haben, sondern auf das Wort *Tyr* für Unsterblichkeit zurückgehen. Auch Feng Shui, die Lehre der Genschlüssel und das darauf aufbauende Human Design mit seinen Hexagrammen bedienen sich der Zahl als Basis für ihre Betrachtungen, ebenso wie das chinesische Horoskop *Ba-Zi,* was so viel bedeutet wie »acht Zeichen«.

Viele Wege, eine Quelle: Metaphysische Lehren scheinen jeden von uns auf verblüffende Weise in der Tiefe unseres Daseins zu beschreiben, doch sie alle beruhen auf der wundervollen Wahrhaftigkeit der Zahlenenergie.

Der Begriff »Numerologie« setzt sich aus den lateinischen Begriffen *Numerus* für Zahl und *Logos* für Beschreibung zusammen.

Numerologie ist weltweit seit Jahrtausenden in zahlreichen Kulturen verbreitet und beschreibt durch die zehn Energien 1, 2, 3, 4, 5, 6, 7, 8, 9 und 0 die universellen Schöpfungskräfte, aus denen alles besteht.
Dieses Wissen wird nicht von wissenschaftlichen Beweisen gestützt, sondern von Erfahrungswerten und echten, lebendigen Ergebnissen. Wir leben in einer Zeit, in der sich die moderne Wissenschaft gern über die Weisheit unserer Vorfahren erhebt. Das darf man (an)erkennen und respektieren. Wenn der Mensch davon ausgeht, es besser zu wissen als andere, ist das ein Trick seines Egos (dem man auf die Schliche kommen kann, wenn man möchte).
Wenn jedoch Zahlenkräfte auf unser Ego treffen, geschieht Magie. Bewusstsein hält Einzug und das Ego weicht dem Zauber einer neuen Verbindung zu uns selbst.

Vom (Un)Sinn der Beweisbarkeit und von wahrem Erfüllt-Sein: Was Numerologie so wertvoll macht

Wie wäre es wohl, wenn Numerologie ein gängiges, alltägliches Werkzeug wäre, mithilfe dessen sich jede und jeder von uns zu einem wahrhaftigeren Menschen entwickelte? Als genau dieses Werkzeug kam die Ganzheitliche Numerologie auf die Erde. Uns durch unsere Zahlenkräfte zu begreifen, ist eine große Unterstützung im aktuellen Wandel unserer Systeme und Gesellschaften. Die Zahlen unseres Geburtsdatums stehen symbolisch für unsere individuelle Energie und eröffnen uns dadurch einen Zugang zu unserem Herzen. Das Herz ist es, das für die große Veränderung in uns gebraucht wird, die jetzt – für die Menschenfamilie und die Erde – ansteht und nötig ist. Das bedeutet: Der große Wandel beginnt in jedem von uns, wir dürfen in die Eigenverantwortung gehen. Wir dürfen beginnen, unsere einzigartigen Gaben und Talente, für die wir hierhergekommen sind, wiederzuentdecken. Wir haben sie mitgebracht, um sie der Welt zu schenken. Wir haben sie im kosmischen Code unseres Geburtsdatums beschrieben. Diesen Code zu entschlüsseln bedeutet, uns an die sanfte Stimme unseres Herzens zu erinnern. Wir können sie wahrnehmen, sobald wir mit unseren Zahlenkräften in Berührung kommen.

Numerologie hilft uns, innezuhalten, um uns selbst wieder zu hören. Unsere Herzen sehnen sich danach genau wie die Erde und all ihre Wesen. In der Tiefe zu erfahren, wer wir sind und wofür wir hier sind, ist der Schlüssel, um unser Leben in Leichtigkeit zu meistern und allen Herausforde-

rungen – individuell und global – in Liebe zu begegnen. Genau hier setzt Numerologie an.
Das klingt nach einem großen Vorhaben? Nein! Liebe ist die stärkste Kraft im Universum. Sie wird unserer Gemeinschaft helfen, diesen Planeten wieder zu dem wundervollen Ort zu machen, der er in seiner Natürlichkeit ist. Sie wird jedem Einzelnen von uns helfen, unser eigenes Leben so erfüllt und glücklich zu führen wie nie zuvor. Wie das geht, zeigt Numerologie, denn alle Energien des Universums sind zusammengesetzt aus den Zahlenkräften 0–9. Liebe kann diese Kräfte lenken und leiten – und du kannst das auch!

Ich freue mich sehr, dass du mit mir auf die Zahlenreise gehst und die großartige Möglichkeit nutzt, das Wunder, das du bist, kennenzulernen! Deine Zahlen werden dich in eine Kraft führen, die dich überraschen wird. Sie werden dir zeigen, wie du deinem Herzen folgst und damit alles erreichst, was du dir bisher nur erträumen kannst.
In der Gesellschaft identifiziert sich die Mehrheit der Menschen noch immer mit ihrem Ego statt mit dem Herzen. Das Ego liebt beispielsweise die Idee, dass wir es in unserer hoch technologisierten, digitalisierten Welt mit ihren medizinischen Standards *wirklich* zu etwas gebracht haben. Es hält an der Idee fest, wir wären heutzutage um ein Vielfaches fortschrittlicher als unsere Vorfahren. Während sie früher die Zusammenhänge des Lebens scheinbar nur ahnen konnten, können wir sie heute fast allesamt *beweisen*. Unser Ego liebt das! Was für eine herrlich berechenbare Welt! Und dennoch: In unserer Zeit ist eine Hoffnungslosigkeit entstanden. Sie lässt uns ahnen, dass irgendetwas mit dem nicht stimmt, was wir in den vergangenen Jahrtausenden erschaffen haben.

Es scheint unserer Gesellschaft an so vielem zu mangeln. Das Kollektiv hat gelernt, diesen Mangel für Wahrheit zu halten: Die Menschen haben vergessen, dass sie alles in sich tragen. Sie haben ihr *Selbst-bewusst-Sein* verloren.
Wie wäre es, wenn sich jeder Einzelne dafür entscheiden würde, es sich zurückzuholen? Numerologie als Möglichkeit zuzulassen, wäre ein wundervoller Anfang. Zahlenweisheit ist eine Tür zum Erfüllt-Sein, denn: Mangel ist niemals die Wahrheit.
Die Wahrheit ist universelle, grenzenlose, überfließende Fülle. Jeder von uns vermag sie zu erleben – jeder, der sich für einen *bewussten* Lebensweg entscheidet. Er führt zu einem erfüllten Leben voller Dankbarkeit, frei von Abhängigkeiten und den Umständen im Außen.
Das klingt einfach, aber Numerologie ist keine wissenschaftlich erwiesene Angelegenheit. Gerade das macht sie natürlich so wertvoll, doch davor haben so viele Angst.

Menschen fordern Beweise nur dann, wenn ihnen der einzig echte Halt im Leben verloren gegangen ist: Bewusstsein über ihr wahres Wesen.
Bewusstsein ist das Feld des reinen Potenzials, dem wir entspringen und das wir sind. *Bewusst*-Sein ist unsere Natürlichkeit, nicht *Bewiesen*-Sein.
Hinter jedem Ruf nach Beweisen steckt der zutiefst menschliche Wunsch nach Sicherheit – viele mit der 5 im Geburtsdatum kennen dieses Gefühl sicher gut. Sicherheit bedeutet für die meisten Menschen: genügend Geld, ausreichend Güter, ein gesunder Körper und das Festhalten an Überzeugungen und sogar an Mitmenschen. Dabei handelt es sich um *irdische* Sicherheit. Was vielen nicht klar ist: Sie ist eine Illusion. Der Wunsch nach ihr wird immer von Angst gespeist. Deshalb führt *diese* Art von Sicherheit, nach der

die meisten noch immer streben, niemals zu Glück und Erfüllung. Für Glück ist unser Herz zuständig – die Quelle unserer Seele und das Tor zu *wahrer* Sicherheit. Sie ist uns bereits geschenkt, denn unsere Seele ist sicher und eingebettet in das ewige Jetzt. Weder musst du für Sicherheit *sorgen,* noch Fülle *erschaffen.* Es ist bereits alles in dir angelegt – und bereit, wiederentdeckt zu werden.

> Im Feuer dieses Bewusstseins beginnt Numerologie, ihre Kraft zu offenbaren: Sie ermöglicht Menschen, ihre tiefsten Tiefen zu verstehen, um in höchste Höhen zu gelangen.

Das bedeutet: Unser Geburtsdatum zeigt uns, an welchen Stellen wir noch Schattenseiten leben und zu welchen lichtvollen Gaben wir sie transformieren können. Mittels der Numerologie können wir hinter unseren scheinbaren Schwächen unser wundervolles Wesen entdecken. Dadurch wird es viel leichter, inneren Frieden zu finden und Möglichkeiten zu erschaffen, die bisher zurückgehalten wurden.

In diesem Buch werden wir diese Theorie mit Bewusstsein durchfluten. Stell dir nun bitte einmal vor:

> Wie wäre es, wenn sich jeder Mensch erinnern würde, welches einzigartige Geschenk er ist und welche Talente er hierher mitgebracht hat?

Wie die Ganzheitliche Numerologie auf die Erde kam

Die Geschichte der Numerologie reicht weit zurück. Schon der Mathematiker und Philosoph Pythagoras von Samos und seine Schüler verstanden die Zahl als Basis des gesamten Kosmos. Die hebräische Weisheitslehre der Kabbala geht davon aus, dass die Grundfesten des Universums auf den Zahlen 1–10 beruhen. Zu unterschiedlichen Zeiten und an unterschiedlichen Orten auf diesem Planeten wurden unabhängig voneinander Systeme entwickelt, die die Zahlen als Fundament für alles erkannten, das existiert.

Die Ganzheitliche Numerologie, die ich für mein Wirken nutze, ist eine der vielen Strömungen der großen Zahlenlehre. Sie kam Ende des 20. Jahrhunderts auf die Erde und fiel zu Teilen dem Deutschen Hans Müller und dem Schweizer Fritz Guggisberg ein. Genauer gesagt offenbarte sie sich ihnen, aber ich mag das Wort »einfallen«. Es ist wunderbar gebräuchlich und trägt doch so viel Weisheit in sich:
Metaphysische Lehren werden nicht etwa in jahrelangen Studien durch Versuch und Irrtum geboren. Sie offenbaren ihre hochkomplexen Zusammenhänge als sogenannter Download.
Energetisch betrachtet, nennt man diesen Prozess einen Einfall: Die Inspiration fällt sprichwörtlich in den für sie bestimmten Empfänger hinein, genauer gesagt in sein Kronenchakra, und passiert anschließend alle folgenden Hauptenergiezentren.

Trägst du die Zahl 1 im Geburtsdatum, hast du dich unter anderem geboren, um dich intensiv mit inspirativen Energien zu befassen. Du hast sicher oft das Gefühl, ganz besonders viele Ideen zu haben – und vielleicht manchmal auch Mühe, sie zu sortieren und zu priorisieren.
So oder so ähnlich muss es auch zunächst Hans Müller und dann Fritz Guggisberg gegangen sein, als ihnen ohne ihr Zutun die Bilder und Zusammenhänge ihrer Zahlenlehre bewusst wurden.

Die Ganzheitliche Numerologie ist
ein vergleichsweise junger Download und
könnte damit nicht zeitgemäßer und
alltagstauglicher für den Bewusstseinswandel
unserer Zeit sein.

Sie kam in den 1980er-Jahren sozusagen genau zur rechten Zeit. Als ich vor einigen Jahren auf sie stieß, habe ich schnell verstanden: Diese Strömung ist die Lehre des Menschen – die erste, die die Zahlenkräfte so bestechend klar auf unser menschliches Wesen bezieht und ein Leitfaden ist, wie wir Schwingung und Bewusstsein in uns ansteigen lassen. Das Wort »Ganzheitlich« macht dem Namen dieser Zahlenlehre übrigens alle Ehre: Sie ist so komplex, dass sie uns neben der wertvollen Basisarbeit (die du in diesem Buch kennenlernst und die dazu dient, dein Potenzial freizusetzen) ganze drei numerologische Bilder schenkt. Man kann sie für jeden Menschen mithilfe seines Geburtsdatums erstellen, und sie eröffnen tiefste Erkenntnis über seinen Geist, seinen Körper und seine Seele.

Das klingt so umfangreich, wie es ist, und dennoch macht Ganzheitliche Numerologie die Energie der Zahlen wunderbar leicht greifbar. So vieldimensional Zahlen *in uns* und *um uns* wirken, so einfach ist es, ihre Kraft mithilfe dieser Lehre fassen zu können: Wir begreifen und wir fühlen, wie sich das Universum durch uns ausdrückt.

Sobald es selbstverständlich für uns wird, die Zahlen, die uns begegnen, durch die numerologische Brille zu betrachten, bekommt das Wort »selbst-verständlich« eine ganz neue Bedeutung. Wir lernen, uns selbst zu verstehen, uns zu fühlen und uns auf unser Potenzial auszurichten. Was für ein schöner Einfall das damals war, der uns nun ermöglicht, die Energiequalität der Zahlen für ein glücklicheres Leben zu nutzen!

Kapitel 3

Zurück zu dir

Dein Geburtsdatum – gewöhnliche Information oder kosmischer Code?

Hand aufs Herz: Wie oft hast du dein Geburtsdatum in deinem Leben schon in Formulare eingetragen, Teile davon als Passwort oder Autokennzeichen verwendet oder deinem Gegenüber mitgeteilt, wann du Geburtstag hast? Hast du dir bisher darüber Gedanken gemacht?

Wir teilen anderen unser Geburtsdatum ständig mit. Es ist die Herausgabe einer Information, die für unterschiedlichste Zwecke genutzt wird. So weit, so unspektakulär. Was wäre nun aber, wenn dein Geburtsdatum auch eine Information *beinhalten* könnte? Eine von unvorstellbarem Wert für deine Entwicklung?

Schenkt es dir schon ein inneres Lächeln und das Gefühl, angekommen zu sein, wenn du dein Geburtsdatum in ein Formular tippst? Erinnert es dich an deine tiefste Essenz, wenn du es in einer Flugbuchung auswählst? Nachdem du dieses Buch gelesen haben wirst, wird es für immer so sein. Vielleicht kannst du es kaum erwarten, bis zum Zahlenteil zu gelangen, um endlich mehr über deine Geburtszahlen zu erfahren. Falls du eine 1, 3 oder 9 in deiner Tageszahl trägst: Spring gerne durch die Kapitel, wenn du magst – deine freiheitsliebenden Energieanteile werden es dir danken.

Der Tag, an dem du dich geboren hast: Übertritt in die Schule des Lebens

Richard Alpert, besser bekannt als Ram Dass, war ein früherer Harvard-Professor und wurde zu einem der größten spirituellen Lehrer unserer Zeit. Er sagte einmal: »The next message you need is always right where you are.« Frei übersetzt: Die nächste Information, die du brauchst, liegt immer im jetzigen Moment. Dieser Satz birgt viel Wahrheit, und er führt uns zum Tag deiner Geburt – dem Datum, das deine Numerologie begründet. In den spirituellen Lehren ist man sich einig: Die Seele wählt den Zeitpunkt ihrer Inkarnation. Es ist nicht wichtig, ob du daran glaubst oder nicht – aber lass uns einmal annehmen, es wäre so.

> Mit allem, was du bisher erfahren hast, ist es nicht nur ein Geburtstag, den die Seele wählt, sondern auch eine bestimmte Energie.

Menschen, die metaphysische Lehren als zweifelhaft empfinden, fragen sich, wo diese Energie sein soll. Sicher spürst du schon, dass du dich aus gutem Grund zur Numerologie hingezogen fühlst, aber vielleicht ist es auch für dich spannend, zu erfahren, dass sich die moderne Wissenschaft dieser Energie durchaus bewusst ist! Lass uns dazu einen kleinen, höchst interessanten Exkurs in die Physik unternehmen.

Wir wissen, dass alles, was wir sehen können, aus Atomkernen und Elektronen besteht. Sie besitzen jeweils ein Gewicht und unterliegen allesamt der Schwerkraft. Zwischen Atomkern und Elektron gibt es einen (im Verhältnis) gigantischen, masseleeren Raum. Ich habe in der

Schule noch gelernt, dass die gesamte Masse des Kölner Doms in ein Schnapsglas passen würde. Später korrigierte die Physik das: Seine Masse würde gerade so den Boden des Schnapsglases bedecken. Ein weiteres Beispiel: Würden wir den Atomkern eines Wasserstoffatoms auf die Größe eines Fußballs (circa 20 Zentimeter) vergrößern, wäre das nächste Elektron ganze zehn Kilometer entfernt. Alles auf der Erde – und somit auch wir Menschen – besteht nur zu 0,000000001 Prozent aus Masse. Der Raum dazwischen wird in der Physik Vakuum genannt und macht 99,999999999 Prozent unseres menschlichen Raumvolumens aus. Alles, was uns fest erscheint (zum Beispiel ein Baum, wenn du ihn berührst), ist in Wahrheit verschwindend geringe Masse, die von einer enormen Energie zusammengehalten wird. Ohne das Vakuum hätte der Baum immer noch dasselbe Gewicht, aber man müsste ihn mit einem Elektronenmikroskop suchen. Du bestehst ebenfalls nahezu vollständig aus diesem Vakuum. Es ist der Raum des reinen Potenzials, das Feld der unbegrenzten Möglichkeiten. Viele alte Kulturen haben ihn – unabhängig voneinander und ohne physikalische Kenntnis – bereits nutzbar gemacht, weil menschliche Wesen fähig sind, ihn anzuzapfen und zu beeinflussen. Die Metaphysik geht heute davon aus, dass der riesige Raum zwischen Atom und Elektron voller Informationen ist, die darauf warten, von uns in die Realität übersetzt zu werden. Das meine ich, wenn ich davon spreche, dass du deine Zahlen in die Lebendigkeit bringen oder sie verkörpern kannst. Ein Teil der Information, die der Raum des reinen Potenzials beinhaltet, ist nach der Ganzheitlichen Numerologie nämlich der kosmische Code deines Geburtsdatums. Er beschreibt die Energie, die deine Seele für diese Inkarnation gewählt hat und mit der du dich verbinden kannst, um dein Leben leichter und freudvoller zu gestalten. Erinnere dich:

> Diese Energie ist enorm. Sie macht dich fast vollständig aus und hält alles zusammen. In ihr – und damit in dir – liegen alle Antworten verborgen.

Dein Potenzial ist also erfahrbar und deine Möglichkeiten sind unbegrenzt. Dein kosmischer Code ist so etwas wie ein selbst gewähltes Spielfeld im großen Feld der Möglichkeiten. Weder bist du an dieses Spielfeld gebunden, noch begrenzt es dich in irgendeiner Weise. Es wird dir jedoch größte Freude bereiten, wenn du beginnst, es zu entdecken!
Sobald du ins Erdenleben eintrittst, will deine Energie von dir entwickelt werden, genauer gesagt: Das Wesen, das du bist, hat gewählt, welche Art von Energie du in diesem Leben erkunden und erfahren willst (mit der neugierigen 6 im Geburtsdatum hüpft wahrscheinlich gerade dein Herz vor Begeisterung).

> Manche nennen es Lebensaufgabe, die anderen Seelenplan. Es läuft auf das Gleiche raus: Dein Geburtsdatum trägt die Informationen, die du brauchst, um dich tief zu begreifen.

Vielleicht entgegnest du jetzt: »Aber ich wurde per Kaiserschnitt geboren, wie soll ich es dann selbst gewählt haben?« – Eine der häufigsten Fragen, die mir gestellt werden. Lass uns auch hier der Einfachheit halber einmal annehmen, dass deine Seele klug genug ist, zu wissen, dass es keinen Zufall gibt. Was auch immer

geschieht oder *wie* es geschieht: Es fällt uns zu, wenn es fällig ist. So auch dein Eintrittsdatum in die Schule namens Leben, mit deiner ganz persönlichen Geburtserfahrung, die du gewählt hast - ganz gleich, wie sie aussah. Es gibt schlicht kein »richtig«, »falsch«, »zu früh« oder »zu spät« geboren.
Falls es gerade zu viele Annahmen für dich sind, bitte ich dich um ein wenig Geduld: Sobald du im Workbook deinen Zahlencode entschlüsselt hast, wird sich Klarheit einstellen - das wage ich an dieser Stelle zu behaupten (und freue mich, wenn du deine Erfahrung später über den einen oder anderen Kanal mit mir teilst).

Wie besonders ist dein Geburtsdatum?

Würden wir beide uns in einem persönlichen Gespräch über deine Numerologie austauschen, wüsste ich ab Gesprächsbeginn mindestens eine Sache über dich: dein Geburtsdatum. In diesem Format wird uns das nicht gelingen, aber ich frage dich trotzdem: Wie ist es denn so, dein Geburtsdatum? Magst du es? Welches Gefühl löst es in dir aus? Vielleicht fällt es durch eine spezielle Zahlenkonstellation auf oder deine Geburtstagszahlen begegnen dir im Alltag öfter. Vielleicht bist du auch an einem 1.1., 29.2. oder 24.12. geboren. Dann gehörst du zu denjenigen, die von ihren Mitmenschen regelmäßig hören: »Wow, dein Geburtsdatum ist echt besonders!« Anders formuliert: Du gehörst zu denjenigen, die den Wink mit dem Zaunpfahl des Universums gewählt haben. Ich kenne das, ich bin am 22.11.88 geboren. Falls du jetzt denkst: »Was für ein Zufall! Na, da *musste* sie ja Numerologie-

Expertin werden!«, sage ich dir: Ich habe den Ruf über 25 Jahre nicht gehört.

Falls du dich also bis hierher unter Druck gesetzt hast, weil du vielleicht denkst, mit dem Wissen über Numerologie möglichst schnell etwas *Besonderes* erreichen zu müssen: Schnapp dir dein Lieblingsgetränk und lehn dich beim Weiterlesen entspannt zurück. Ich habe deine Energie nicht umsonst als Spielfeld bezeichnet: Das Leben *ist* ein Spiel, und du darfst dir erlauben, der Freude zu folgen! Du bist ein buntes, lebendiges Wesen, eingebettet in einen genialen Kosmos! Geh in deinem Tempo auf diese Zahlenreise, auf deine ganz eigene Art.

Die Ganzheitliche Numerologie ist vielleicht absolutes Neuland für dich. Es kann sein, dass du nach der anfänglichen Euphorie über die Wunder, die du entdeckst, auch einmal das Gefühl haben wirst, *gescheitert* zu sein. In Wahrheit wirst du nur *gescheiter*. Das Geniale an dieser Lehre ist: Wann immer du dir glauben machst, du kämst nicht weiter, kannst du *wieder* die Numerologie zu Hilfe nehmen, um deine Schatten zu durchschauen und dich zu erinnern, dass du auf dem richtigen Weg bist.

Vielleicht ist dieser kleine Einschub dienlich für diejenigen mit einer 0, 3 oder 9 im Datum, die auf ihrer Schattenseite gern in Unruhe, Hektik oder übersteigerte Erwartungen verfallen. Vielleicht hilft er auch deiner 4, dein Perfektionsstreben für einen Moment loszulassen, oder deiner 2, deinen Selbstzweifeln den Rücken zu kehren. Letzteres war bei mir übrigens Jahre *nicht* der Fall! Ich habe die 22, die Tageszahl meines Geburtsdatums, lange auf ihrer Schattenseite gelebt, bis ich auf die Ganzheitliche Numerologie aufmerksam wurde: Ich kämpfte mit Selbstzweifeln und grübelte viel darüber nach, was mich im Leben wirklich erfüllen würde. Ich habe mir oft den Kopf darüber zerbrochen, wie ich meine Herausforderungen am besten angehen sollte, und viele Probleme einfach verdrängt, weil ich keine Lösungen fand. Gleichermaßen war da die Stimme meiner Intuition (die 2 verbindet mich stark mit ihr), die mich ahnen ließ: Die Leere in mir ist nicht die Wahrheit – etwas wartet darauf, sich mir zu offenbaren.

**Damals wusste ich noch nicht,
dass wir dieses »magische Etwas« nicht
suchen müssen, sondern es in uns entdecken,
sobald wir unsere Zahlenkräfte begreifen.**

Ich erinnere mich gut, als ich meinem damaligen Freund eine numerologische Partnerschaftsanalyse vorgelesen habe – mein erster Berührungspunkt mit der Zahlenlehre. Ich hatte meinem späteren Lehrer eine E-Mail geschrieben, dass ich mich eigentlich für Astrologie interessierte, aber wohl versehentlich auf seiner Website gelandet sei – ein Zufall, denn es fällt uns alles zu, wenn es fällig ist. Von Ganzheitlicher Numerologie hatte ich zu diesem Zeitpunkt noch nie etwas gehört, wurde aber aufgrund meiner auffälligen Geburtszahlen neugierig. Ich saß mit meinem Freund im Essbereich unserer Wohnung und kann die Gefühle kaum beschreiben, die mich überkamen, als ich die Zeilen der Auslegung laut vorlas. Fünf vollgeschriebene Seiten, die helles Erstaunen, Gänsehaut, Tränen in den Augen, Lachen vor Freude, Wärme im Herzen, tiefe Dankbarkeit auslösten. Ich konnte es nicht fassen – und doch war jetzt *endlich* alles klar: Numerologie kannte anscheinend die tiefsten Tiefen der Menschen (wie funktionierte das nur?), mein Lehrer beschrieb mit ihrer Hilfe die Hürden unserer Beziehung (er kannte uns doch gar nicht?) und gab auch noch wertvolle Impulse, wie wir sie meistern konnten.

Unsere gemeinsamen und individuellen Stärken waren plötzlich glasklar (wie konnte es auf einmal so leicht sein, es selbst zu fühlen?).

Da stand sie geschrieben, die Fülle, nach der ich so lange gesucht hatte.

Obwohl der Fokus der Partnerschaftsanalyse auf unserer Beziehung lag, begriffen wir nicht nur einander, sondern auch uns selbst wie nie zuvor. Wenn *das* möglich war, war *alles* möglich! Seit diesem Tag haben sie mich in ein immer glücklicheres, freieres und erfüllteres Leben geführt – mein kosmischer Code 22.11.88 und auch mein Freund, mit dem ich heute glücklich verheiratet bin und zwei wundervolle Söhne habe.
Schon vor dieser eindrücklichen Erfahrung war ich es gewohnt, gesagt zu bekommen, wie besonders mein Geburtsdatum sei. Doch dass sich in diesen Zahlen alle Antworten verbargen, nach denen ich jemals gesucht hatte, davon hatte ich keine Ahnung. Mein gesamtes Leben schon begegnen mir Doppelzahlen im Alltag – um ehrlich zu sein, sind sie mir, seit ich denken kann, ziemlich hartnäckig in Erscheinung getreten. Das lässt mich und mein Umfeld oft schmunzeln. Kassenzettel, die Nummern von Hotelzimmern, Uhrzeiten … Sie sind einfach überall, und sie sind wertvolle Begleiter, die mir viele Erkenntnisse schenken. Wie du selbst mit Zahlen im Alltag umgehst, erfährst du im Abschnitt »Zahlen im Alltag: Botschaften aus der feinstofflichen Welt«, ab Seite 59.
Obwohl diese Kräfte schon mein Leben lang so intensiv in Erscheinung getreten sind, hatte ich von Numerologie nie etwas gehört. So hatte ich es dabei belassen, ein »besonderes« Geburtsdatum zu tragen. Doch als ich die Zahlen-

lehre kennenlernte, wurde mir klar, was es damit auf sich hatte. Die Aussage »Dein Geburtsdatum ist *so besonders*« begegnete mir deshalb so häufig, weil sie allgemeingültig ist. Sie trifft auf uns alle zu.

Egal, welches Datum du trägst, egal, wann und wie du geboren wurdest: Es *ist* besonders. Gleichermaßen ist es nicht besonderer als irgendein anderes Datum (keine Zahl, auch nicht als Doppelzahl, ist wertvoller oder wichtiger als eine andere). Die Besonderheit liegt schlicht und einfach darin, dass du in diesem Datum deinen individuellen Zahlencode erkennen kannst, der deine Aufgaben und größten Potenziale hier auf der Erde beschreibt.

Um seine Botschaften Stück für Stück zu verstehen, möchte ich dich zunächst auf eine Reise in die energetische Wirkweise von Zahlenkräften mitnehmen. Sie schenkt dir die Erkenntnis darüber, was jede Zahl ganz allgemein imstande ist, dir zu eröffnen.

Wie Zahlen deine Kraft beschreiben

Eine Zahl ist weit mehr als ein Symbol, wie es beispielsweise ein Buchstabe ist. Sie trägt ein hohes Maß an Information, deshalb beschreibt sie Energie so messerscharf. Im Grunde ist die Zahl viel klarer als das Wort. Ganz gleich, welches Wort wir wählen, unser Gegenüber hat ein anderes Bild im Kopf. Würde ich das Wort »Pferd« in den Raum werfen, hätten wir beide zwei verschiedene Bilder im Kopf, richtig? Es gibt endlose Möglichkeiten, an welches Pferd du gerade denken könntest, aber vermutlich deckt sich dein inneres Bild nicht mit meinem. Selbst wenn wir das Pferd spezifizieren und es »Einhorn« nennen, wird das so bleiben. Es gibt sogar Wörter, die uns noch mehr Möglichkeiten der Interpretation schenken: Wenn ich das Wort »Kristall« nenne, was siehst du vor deinem inneren Auge? Eine Schneeflocke? Einen Edelstein? Etwas völlig anderes? Worte beschreiben Energie lediglich und sind stark eingefärbt von unserem Bewusstseinsgrad. Jemand kann beim Begriff »Baum« an eine Pflanze denken und sie nach Wuchs und Größe beurteilen, doch ein anderer nimmt eine Wesenheit wahr, die er spüren kann und mit der er verbunden ist. So weit, so gut. Du erkennst: Worte sind ein eher umständlicher Weg, um uns zu verständigen.

> Unmissverständlich dagegen ist die Zahl. Doch ein Buch voller gedruckter Ziffern hättest du vermutlich nicht gekauft.

Fühl mal hin: Wenn wir beide uns unterhalten und ich nenne die Zahl 2, wissen wir beide, was wir meinen, oder? Eine 2 ist einfach eine 2, wenn du sie nicht mit einem weiteren Begriff belegst – zwei Pferde erzeugen schon wieder ein Bild. Die Zahl ist reine Klarheit, und deshalb machen wir Numerologie – so einfach ist das. Meine Geburtszahlen 22.11.88 haben alle die 11 als Ursprung, die Verstärkung der Eins. Wundert es dich da, dass ich es liebe, wenn die Dinge *ein*-fach sind?

Es wird angenommen, dass Menschen vor 50 000 bis 100 000 Jahren begonnen haben, sich mit Worten zu verständigen. Eine relativ junge und komplizierte Kommunikationsform, die häufig zu Missverständnissen führt. Davor haben wir uns hauptsächlich über Mimik, Gestik, Energie und Telepathie unterhalten – ähnlich wie Tiere. Machen Menschen heute eine telepathische Erfahrung, wundern sich viele und sprechen noch immer von Zufall – dabei gehört es nur zu unserer Natur.

Wir haben uns als Menschheit irgendwann für Sprache entschieden. Für unsere Reise durch die Numerologie bedeutet das: Wir benutzen Worte, weil wir verlernt haben, die Energie der Zahl zu *fühlen*. Das heißt nicht, dass sie nicht mehr fühlbar ist. Jedoch fällt es den meisten von uns leichter, wenn wir die Energie der Zahlen zurück in Worte übersetzen. Die Worte, die ich wähle, sind im Grunde nur dazu da, um dich fühlen zu lassen, was längst in dir steckt. Erinnere dich: Die Zahl ist unmissverständlich, das Wort nicht. Stell dir einmal vor, man müsste dein Wesen, deine Seelenaufgabe und deine Persönlichkeit in all ihren Facetten in Worte fassen: Das ergäbe vermutlich eine ganz schön dicke Enzyklopädie. Wie genial, dass dein Geburtsdatum es mit wenigen Zahlen auf den Punkt bringt.

Diese fünf Informationen kannst du in jeder Zahlenkraft entdecken

Hast du dich während des Lesens gefragt, wie dir die wenigen Zahlen deines Geburtsdatums einen so fundierten Einblick in dein selbst gewähltes Erlebnisfeld dieser Inkarnation geben sollen?
Während du vielleicht noch denkst: »Na ja, jede Zahl steht wahrscheinlich für ein bestimmtes Thema«, wirst du jetzt erfahren: Jeder Zahl wohnt ein spannendes Energiegebilde inne, das komplexer ist, als dir bisher bewusst war – und das ändern wir jetzt. Ready?

Du kannst nicht nur deine selbst gewählten Aufgaben in Form von Stärken und zu entwickelnden Eigenschaften in den Zahlen erkennen. Du kannst ganze *vier* weitere, wertvolle Informationen für deine Entwicklung nutzen.

Information 1

Potenzial

Lüfte das Geheimnis deiner Lebensaufgaben

Jede Zahl trägt mehrere Themen in sich, die wir selbst gewählt haben, um sie in dieser Inkarnation zu erleben.
Dieser Aspekt einer Zahlenkraft ist wohl den meisten Menschen bekannt, die schon einmal von Numerologie gehört haben. Jede der zehn Grundzahlen 0–9 in unserem Geburtsdatum beschreibt gewisse Themen und Potenziale unserer Kraft, die wir verkörpern lernen dürfen. Anders gesagt: Jede Zahl bildet einen energetischen Anteil des großen Ganzen. Die Numerologie tut im Grunde nichts anderes, als diese kosmischen Energieanteile, die auch uns Menschen innewohnen, in Worte zu übersetzen.
Mehrstellige Zahlen zeigen ein bestimmtes Zusammenwirken dieser 10 Grundanteile.

Kennst du jemanden, der eine 3 in der Tageszahl trägt (also an einem 3., 13. oder 23. geboren ist)? Trifft dieses Beispiel sogar auf dich selbst zu? Dann kennst du die Willensstärke dieser Kraft sicher genauso gut wie ihren unbändigen Drang, etwas weiterzuentwickeln, Freiheit zu erfahren und Neues zu entdecken.

Das sind nur einige Hauptaspekte der 3 – im Abschnitt »Die universellen Grundschöpfungskräfte 0–9«, ab Seite 79, findest du die Eigenschaften jeder Grundzahl ausführlich beschrieben.

Information 2

Der Weg der Zahl

Erhöhe deine Frequenz durch Numerologie

Die Erkenntnis darüber, wie wir durch Zahlen unser Bewusstsein kinderleicht erhöhen können, ermöglicht es mir, das Leben vieler Menschen nachhaltig zu verändern. Auf diesem Gebiet der Zahlen bin ich absolute Pionierin.
Den *Weg der Zahl* zu gehen, wie ich diese Art der Frequenzerhöhung nenne, bewirkt einen unglaublichen Shift:

> (Zahlen-)Energie auf diese Weise zu begreifen bedeutet, deine Eigenschaften zunächst im irdisch-menschlichen Sinne und anschließend aus einer höheren Perspektive zu betrachten. Der *Weg der Zahl* verschafft dir ein immerwährendes Bewusstsein darüber, dass du in jedem Moment die Wahl hast, was du manifestierst.

Lass uns von vorn beginnen: Vielleicht ist dir schon bewusst, dass es nicht nur die Energien gibt, die du in der Dreidimensionalität mit deinen menschlichen Sinnen wahrnehmen kannst. Vielleicht weißt du bereits, wie du mit hochschwingenden, feinstofflichen Energiefeldern arbeitest. Vielleicht hat dir das Leben dadurch schon kleine und große Wunder eröffnet, und vieles hat sich in Leichtigkeit für dich gefügt. Feinstoffliche Schwingungen werden für dich nutzbar, wenn du dich auf ihre Frequenz begibst, also *hochschwingst*.
Wir können das Potenzial einer Zahl eher niedrigschwingend oder eher höherschwingend beschreiben.

Mit der Energie der 1 strebt man im menschlichen (niedrigerschwingenden) Sinne zum Beispiel gern danach, genügend eigenen Raum zu haben. Liebe Trägerin, lieber Träger der 1 in der Tageszahl, du kennst das: Ohne genügend zeitlichen und räumlichen Freiraum für dich und deine vielen Ideen fühlst du dich schnell eingeengt. Die Kraft hinter dieser Zahl (und ich spreche weiterhin über eine eher niedrigschwingende Ebene) liebt auch guten Humor und Selbstverwirklichung.
Schwingst du die Kraft der 1 hoch, beginnt der Weg dieser Zahl: Du gehst los, um höheres Bewusstsein für deine Kraft zu erlangen. Die Frequenz steigt an, und du bringst die menschlichen, irdischen Themen in einen größeren Zusammenhang. Du erkennst, dass dich die *innere* Freiheit wirklich erfüllt, und du nicht nur gerne Spaß hast und lachst, sondern beginnst, das Spiel des Lebens in deinem gesamten Menschsein zu erkennen. Du begreifst die Zusammenhänge und wirst dadurch befähigt, deine Frequenz zu wählen.

Um es möglichst einfach für dich zu machen, habe ich die (in Wahrheit unzähligen) Frequenzen einer Zahlenkraft in *lower Vibes* und *higher Vibes* eingeteilt und dir eine übersichtliche Tabelle der Schwingungsgrade erstellt, die du auf Seite 142 findest.
Die Mehrheit der Menschen konzentriert sich nach wie vor auf die niedrigeren Frequenzen der Zahlenkräfte. Kein Wunder, denn das Kollektiv lässt sich von der Außenwelt (mit Entertainment aller Art) von der eigenen Innenwelt doch recht erfolgreich ablenken. Numerologie kann Abhil-

fe schaffen, weil sie Bewusstsein schafft. Den Bewusstseinsweg hast du vermutlich längst eingeschlagen, wenn du diese Zeilen liest.

Den *Weg der Zahl* zu beschreiten kann der Grundstein sein für neues *Über-dich-Hinauswachsen.*

Das Wundervolle daran ist: Der *Weg der Zahl* ist verständlich und logisch begreifbar. Unsere Gedanken, die uns so häufig im Griff haben, können ihn nachvollziehen und rebellieren dadurch nicht. Das macht den Weg frei, uns auf schnelle und leichte Weise mit unserem Herzen zu verbinden. Viel zu oft wird in der spirituellen Welt suggeriert, den Gedankenstrom loswerden zu müssen. Dabei haben wir doch alle mal gelernt, dass Druck nur eins erzeugt: Gegendruck.

Numerologie *befreit* deine Gedanken, weil sie deinen gesunden Menschenverstand als das wertvolle Werkzeug annimmt, das er ist.

Alles, was du mit deinem Kopf (besser gesagt: deinem Gehirn) erreichen kannst, schwingt verhältnismäßig niedrig – und wirkt gleichzeitig stark: Gedanken kontrollieren uns öfter, als es uns lieb ist – an dieser Stelle viele Grüße an alle mit den Kopf-Geist-Kräften 1, 2 und 0! Ihr kennt das sicher besonders gut (und ich weiß auch, wovon ich spreche). Numerologie, speziell der *Weg der Zahl,* wird dir die verschiedenen Schwingungen deines Potenzials fühlbar machen, aber du wirst sie auch *verstehen.*

Die Energie der 4 trägt ein besonderes Potenzial für Fokus in sich. Während sie diesen in niedriger Schwingung nutzen kann, um Struktur und Ordnung im Inneren und Äußeren zu erschaffen – vielleicht magst du dein Zuhause gern aufgeräumt oder deinen Tag gern strukturiert –, geht es im feinstofflichen Sinne um die Ausrichtung auf höchste Klarheit und Erkenntnis in diesem Leben.

Falls es dir vielleicht gerade wie Schuppen von den Augen fällt und dir höhere Zusammenhänge klar werden, ergibt es auch *für deinen Kopf Sinn*. Der Weg der Zahl schafft eine Verbindung zwischen deinem Verstand und deinem höheren Bewusstsein – das ist das Wunderbare daran. Wenn dein Kopf nicht rebelliert und Gedanken nicht zu laut werden, wird es einfacher für dich, auf deine Intuition zu hören.

Falls du zu denjenigen gehörst,
die nicht täglich eine Stunde meditieren:
Die Numerologie könnte die neue Art sein,
wie du deine Gedanken erst einmal sein lässt,
bevor dein Herz sie ganz von selbst ablöst.

Das Bewusstsein über deine Zahlen kann also Bewusstsein darüber schaffen, wie du gerade schwingst. Du wirst das ausführlich im Zahlenteil, ab Seite79, erfahren.
Bitte rufe dir immer ins Bewusstsein, dass es nicht nur zwei Schwingungsgrade, sondern eine Bandbreite von Frequenzen dazwischen gibt, also alle möglichen Mischformen.
Im gegenwärtigen Augenblick zu erkennen, wie du schwingst, kann dir mit deinem neuen Zahlenbewusstsein vieles im Alltag erleichtern.

Eine Zahl, die vergleichsweise viele von uns im Geburtsdatum tragen, ist die 2, eine sogenannte Kopf-Geist-Kraft. In niedriger Schwingung kannst du mit ihr unter anderem großartig *deinen Kopf benutzen*, das heißt: analysieren, die Dinge abwägen und sie ganzheitlich betrachten. Vielleicht liebst du es auch, Pro-und-Contra-Listen zu schreiben. Die 2 ist für Denkleistungen und viele analytische Tätigkeiten ziemlich genial. Beide schwingen eher niedrig.

Erinnere dich an den Begriff »Kopf-*Geist*-Kraft«: Du kannst die 2 denkerisch nutzen, aber ebenfalls die geistige, höherschwingende Ebene wählen. Hier steht die 2 unter anderem für Bewusstsein und Intuition. Erkennst du schon die Verbindung dieser beiden Ebenen? Hier ist sie:

Träger der 2 (vor allem in der Tageszahl) grübeln oft lange über eine Entscheidung und stellen hinterher fest: Rückblickend war ihnen – tief drin – von Anfang an klar, welche sie hätten treffen sollen. Während der Kopf zerlegt, zergliedert und eben *verkopft*, weiß die Intuition sofort Bescheid. Das Bauchgefühl kennt den Weg. Immer.

Für viele große und kleine Entscheidungen des Lebens wäre es also sehr sinnvoll, die 2 höher zu schwingen, um diese leise innere Stimme gut kennenzulernen, die uns so manchen Denkprozess ersparen könnte. Und nein – der Kopf wird nie verstehen, wie es funktioniert, und beginnen, bedingungslos der Intuition zu vertrauen. Muss er auch gar nicht, denn hohe Schwingung ist nicht für ihn gemacht.

Information 3
Licht- und Schattenseiten

Wie du dich in jedem Moment an dein Licht erinnerst

Hast du schon einmal zu jemandem »Ich bin gerade nicht in meiner Energie« gesagt? Die Numerologie wird dich lehren, dass das nicht möglich ist! Lass uns folgende These aufstellen, die du bitte anschließend für dich selbst prüfst:

Du bist immer in deiner Energie,
die Frage ist nur: *Wie* lebst du sie gerade?

Energie kann nie verloren gehen, aber durchaus umgewandelt werden. Das besagt schon der Energieerhaltungssatz der Physik, und es ist die Quintessenz jeder Form von spiritueller Entwicklung und Energiearbeit.
Zahlenenergie ist neutral, kann also in unserem polaren Universum sowohl lichtvoll ausgeprägt als auch von Schatten besetzt sein.
Für uns Menschen heißt das: Wir können Licht- und Schattenseiten unserer Kraft (er)leben.
Bist du auf einem lichtvollen Bewusstseinsweg, wirst du nach Licht streben und diese Seite immer intensiver und freier leben wollen. Damit bist du im Lernfeld der Ganzheitlichen Numerologie goldrichtig.

Lebst du die 7 in deiner Tageszahl lichtvoll, spürst du sicher deine natürliche Führungsstärke. Mit dieser optimistischen, charismatischen Zahlenkraft fällt es dir leicht, die Dinge in die Hand zu nehmen. Sie ist eine typische Management-Zahl und schenkt dir Energie für Leadership auf allen Ebenen. Eine Schattenseite der 7 wäre es, deine Lebensfreude, die eigenen Gefühle oder gar andere Menschen zu unterdrücken, statt sie weise zu lenken und zu leiten.

Information 4

Spannungs- und Wirkmoment

Zwei Energiekomponenten, durch die du in die Umsetzung kommst

Erinnere dich: Eine Zahlenkraft ist nicht nur ein Symbol wie ein Buchstabe oder eine Hieroglyphe. Die ihr innewohnenden Energie kann sowohl Spannung aufbauen, als auch Wirkung freisetzen.
Dieses Prinzip kennst du vielleicht aus der Chakrenlehre, denn auch jedes Chakra besitzt zwei Energiekomponenten. Dieses Prinzip ist auf eine weitere, uns allen bekannte Energieform übertragbar – den elektrischen Strom: Die Einheit Volt macht die Spannung des Stroms erkennbar (Spannungsmoment), die Einheit Ampere gibt an, wie viel Strom in Fluss ist (Wirkmoment). Multipliziert man beide,

erhält man die Gesamtleistung des Stroms (Watt), oder übertragen auf unsere Lehre: die Gesamtheit der Zahl.

Jede Zahl liefert dir also Informationen, mithilfe derer du dich besser verstehen lernst (Spannungsmoment), und hilft dir zudem, wirkungsvolle Schritte für dein Wachstum einzuleiten (Wirkmoment).

Vielen Menschen, die die intensive 6 in der Tageszahl ihres Geburtsdatums tragen, haben als Kind oft gehört, dass sie sich ruhiger verhalten und ihre Energie zügeln sollten. Sie haben als Erwachsene häufig das Gefühl, *zu viel* zu sein und sich zurücknehmen zu müssen. Die Numerologie zeigt den Trägern der Tageszahlen 6, 16 und 26 zunächst auf, dass diese vulkanisch-impulsive Kraft ein ganz natürlicher Bestandteil ihres Daseins ist, und wie sie klug, selbstbewusst und in verschiedenen Frequenzbereichen gelebt werden kann (Spannungsmoment, die Information fließt ein).

Hier hört das neue Wissen aber längst nicht auf, das ich dir vermitteln möchte. Zahlenkraft ist so lebendig, dass sie sich entfaltet, wenn wir sie begreifen. Wir fühlen sie und sie wird uns *bewusst,* sodass wir beginnen können, sie zu leben (Wirkmoment, die Zahl wirkt durch uns).
Der Wirkmoment kann im Alltag auch nutzbar gemacht werden, indem die Zahl beispielsweise ausgedruckt an einem präsenten Platz an der Wand im Wohnraum hängt. Auch auf diese Weise entfaltet sie ihre Wirkung und wird leichter (er)lebbar.

Information 5

Yin- und Yang-Energie

Männliche und weibliche Energieanteile

Wir alle tragen weibliche und männliche Energieanteile in uns. Ganzheitliche Numerologie hilft dir, zu verstehen, welche konkreten Themen innerer Weiblichkeit und Männlichkeit du gewählt hast, um sie in diesem Leben besonders intensiv erfahren und entwickeln zu wollen.
Analog zum Yin(♀)- und Yang(♂)-Prinzip der chinesischen Philosophie begründet das harmonische Zusammenspiel unserer weiblichen und männlichen Kräfte unsere Vollkommenheit.
Die geraden Grundzahlen 0, 2, 4, 6 und 8 sind weibliche Energieanteile, die ungeraden Grundzahlen 1, 3, 5, 7 und 9 männliche.

> Männliche Anteile wirken natürlicherweise aussendend, bewahrend und stabilisierend.

Leben wir unser Yang im Schatten, agieren wir kontrollierend, kompetitiv und vermeidend bis hin zu missbrauchend und aggressiv. Toxische Männlichkeit ist in den letzten Jahrtausenden des Patriarchats auf vielen Ebenen zur Normalität geworden (übrigens auch im Verhalten und Bewusstsein von Frauen).
Das zeigt sich auch heutzutage deutlich: Die lichtvollen Seiten der Yang-Kraft haben viele Menschen in der aktuellen Leistungsgesellschaft schlicht verlernt.
Das Prinzip von Yin und Yang numerologisch zu begreifen

kann uns viele Antworten geben, nach denen wir in Gesellschaftsfragen, aber auch in uns selbst schon so lange suchen. Zahlenbewusstsein hilft dabei, als Individuum und als Kollektiv wieder in unsere Natürlichkeit zu finden.
Natürlicherweise haben männliche Energieanteile die energetische Funktion, Räume zu halten, damit die weiblichen Anteile darin tanzen können.

Die Yin-Energie in uns möchte empfangen, nähren und gebären, sie ist mitfühlend, kreativ, intuitiv und fokussiert.

Wenn wir uns das Yin-Yang-Prinzip im Kollektiv betrachten, wird schnell deutlich, warum die vergangenen Jahrhunderte die blutigsten der Menschheitsgeschichte waren. Toxische Männlichkeit wurde zunehmend geduldet, ihre lichtvolle Seite größtenteils verdrängt: Versuche von Unterdrückung und Kontrolle – ob durch Regierungen, Unternehmen oder Organisationen, in Religionen und Glaubensgemeinschaften bis hinein in Freundeskreise und Familienstrukturen – wurden nicht selten hingenommen und viel zu wenig hinterfragt.
In den vergangenen Jahren hat die Duldung von Einschränkungen aller Art einen neuen globalen Höhepunkt erreicht. Die Folgen ähnlicher Zustände kennen wir aus der Vergangenheit: Auch in anderen Epochen der Menschheitsgeschichte stellten sich Hoffnung und Vertrauen der Bevölkerung auf die guten Absichten ihrer Machthaber kurze Zeit später als Täuschung heraus. Toxisch ausagiertes Yang kann niemals lichtvolle Absichten haben.
Wo Macht, Herrschsucht, Unterdrückung und Gier im Spiel

sind, ist Täuschung leicht erkennbar. Wie schön, dass wir inzwischen in einer Zeit leben, in der Täuschungen mehr und mehr ent-täuscht werden, weil das Bewusstsein ansteigt und das Wesen der Erde bereits unaufhaltsam Licht gewählt hat.

Nehmen wir die in uns liegenden Yin-Kräfte in Augenschein, darf ebenfalls vieles erinnert und neu erlernt werden. Auch das weibliche Prinzip wurde in den vergangenen Jahrtausenden verdreht und unterdrückt. Nicht nur in Form der Frau, die noch heute nirgendwo auf der Welt gleichberechtigt ist und auf vielen Teilen des Planeten nach wie vor körperlichen Qualen und gesellschaftlichen Zwängen ausgesetzt ist. Wenn Yin mehrheitlich toxisch gelebt wird, ist es kein Wunder, dass so viele große Fragen des Lebens für die meisten Menschen offenbleiben.

Antworten zu finden,
ist das Potenzial deiner
lichtvollen Weiblichkeit – ganz gleich,
ob du eine Frau oder ein Mann bist.

So war und bleibt auf *Mutter* Erde das *Matriarchat* die friedlichste und natürlichste Form des menschlichen Zusammenseins.
In lichtvoller Weiblichkeit, geschützt von männlich-stabiler Energie, werden Antworten geschöpft und Möglichkeiten geboren. Leben wir dieses Prinzip - jeder in sich selbst und wir gemeinsam als Erdenfamilie -, manifestieren wir eine Welt der Vollkommenheit und des Friedens.

Ich hole bei diesem Aspekt deshalb aus, weil die Balance von Yin und Yang essenziell für den großen Wandel unserer Zeit ist. Lass ihn uns jetzt durch die Ganzheitliche Numerologie für dich in die Anwendung bringen:
Mithilfe deines Geburtsdatums kannst du erkennen, auf welche Art dein persönliches Yin und Yang zum Ausdruck kommen möchte. Du wirst das Prinzip der Vollkommenheit *in dir* auf eine neue, leichte Weise entwickeln und entdeckst dadurch eine geniale Abkürzung auf deinem Weg zu einem (selbst)bewussteren Menschen.

Wenn du ihre Beschreibung im Zahlenteil durchliest, ist leicht zu erkennen, dass die Zahlen 0, 2 und 8 weibliche Kräfte sind. Lichtvoll gelebt ist die 0 hingebungsvoll und fürsorglich, die 2 intuitiv und mitfühlend und die 8 sozial und friedlich. Trägst du eine oder mehrere dieser Kräfte in deinem Geburtsdatum, geben sie dir klare und direkte Informationen, auf welche Weise du dein inneres Yin entwickeln darfst.

Welchen Aspekt einer Zahlenenergie du auch immer beleuchten möchtest, jede deiner Hauptzahlenkräfte schenkt dir vor allem eins: einen Kompass für dein Leben.

Zahlen im Alltag: Botschaften aus der feinstofflichen Welt

Hast du dich schon einmal gefragt, warum dir im Alltag ständig Zahlen auffallen? »Klar!«, wirst du vielleicht antworten. »Wir nutzen Zahlen für so vieles im Leben, wie könnten sie mir *nicht* begegnen?« Aber hast du dich schon einmal gefragt, warum sie dir *auffallen?* Unbewusst rauschen unzählige Nummern und Zahlenreihen an dir vorbei und energetisch auch durch dich hindurch. Aber was ist mit denjenigen, die dein Bewusstsein erreichen? Jede einzelne Zahl oder Zahlenreihe, die dir auffällt, trägt Informationen für dich. Bist du bereit, sie zu erkennen und zu nutzen?

Wie schön, dass sich ein wunderbares Beispiel zeigt, während ich diese Zeilen schreibe: Ich sitze im Flugzeug und finde gerade so Platz am Fußende des zum Bett umgebauten Businessclass-Sitzes. Den Rest der Fläche nimmt mein kleiner Sohn ein. Friedvoll schlafend nach seinem Abendessen und genüsslich ausgebreitet – typisch mein Jüngster, der seiner Tageszahl 18 wirklich alle Ehre macht (die 18 steht unter anderem dafür, sich genügend Freiheit und Raum für die Genüsse des Lebens zu nehmen). Während ich tippe, spüre ich meine brennenden Oberschenkelmuskeln und meinen verspannten Nacken – in dieser Haltung ist es mir aber immerhin möglich, den Laptop zu balancieren und meine kleine Sitzfläche nicht gegen einen Platz auf dem Boden einzutauschen. Seit einer Stunde geht das nun so, und nein, mein Sohn macht *keinen* kleinen Mittagsschlaf: Wir befinden uns auf einem mehrstündigen Nachtflug, der gerade begonnen hat.

Kennst du dieses Gefühl, wenn du im Flugzeug sitzt und es wirklich unbequem und eng wird, du aber genau weißt, dass noch einige Stunden Flug vor dir liegen? Während ich das gerade fühle, erklingt die Durchsage des Piloten: In München erwartet uns eine frische Brise bei 11 Grad. Während andere sich übers Wetter ärgern, liegt für mich eine andere Botschaft bereit: 11 – suche deine Freiheit im Inneren!

Die 11 ist nicht nur die Zahl meines Geburtsmonats November, sondern wohnt auch meinen Hauptkräften 22 und 88 inne. Ich nehme sie im Alltag unglaublich oft wahr. Sie steht unter anderem für Freiheit, die wir erst im Außen gewinnen, wenn wir sie in uns gefunden haben.

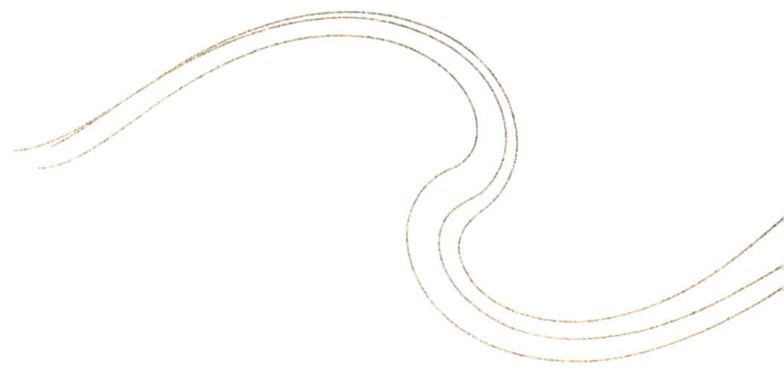

Der Zauber der Engelszahlen

Engelszahlen sind Ziffern, die sich dreifach wiederholen: 111, 222, 333 und so weiter. Diese Zahlen tragen die dreifach verstärkte Energie einer Zahlenkraft und das macht sie besonders hochschwingend. Ihre Frequenzen werden den Engelreichen zugeschrieben.

Es sind auch die Engelwesen, die uns auf höherer Ebene dazu bringen, bestimmte Zahlen im Alltag bewusst wahrzunehmen. Zahlen sind überall, aber nur die *für uns bestimmten* erreichen unser Bewusstsein. Es muss also eine Kraft geben, die uns dazu bringt, diesen Zahlen unseren Blick zuzuwenden.

Man sagt, es wären Wesen der Engelwelten, die uns zuflüstern und uns auf Zahlenenergie aufmerksam machen, um uns auf unserem Lebensweg zu unterstützen.

Doppelzahlen, die sich dir zeigen

Zeit definiert zwar die Realität, in der wir leben, entspringt aber nur unserer Wahrnehmung. Das ganze Potenzial steht im gegenwärtigen Moment zur Verfügung, es existiert nur das ewige Jetzt.
Sich zweifach wiederholende Ziffern sind die sichtbar gewordene Manifestation dieser Quantenrealität. Sie erinnern dich an die Fülle, die im Moment liegt und dass alles präsent ist, was du hast und gleichzeitig brauchst, um dich zu erfahren. Der gegenwärtige Augenblick verbindet uns mit allen Geschenken des Lebens. Im Jetzt vereinen sich Geist, Seele und Körper. Jede repetitive Zahl dient dir als Hinweis – sowohl auf den Nullpunkt des Moments als auch auf ihre eigene, besondere Botschaft.

In den Abschnitten »Kleines Zahlenlexikon der Kräfte 10–99« und »Die Engelszahlen 000–999« im Zahlenteil, ab Seite 160, kannst du die Information aller Doppelzahlen und Engelszahlen entschlüsseln und für dich nutzen.

Wenn dir die gleiche Zahl ständig begegnet

Wenn uns Zahlen gehäuft begegnen, tun sie es so deutlich, dass es scheint, sie würden regelrecht mit uns arbeiten wollen. Vielleicht kennst du das schon und es ist sogar der Grund, warum du in diesem Buch nach Antworten suchst.

Vielleicht begibst du dich auch erst durch die Lektüre in das Resonanzfeld der Zahlenkräfte. Spätestens dann wirst du ihre Magie in deinem täglichen Leben erfahren.

Ob auffällig häufige Doppelzahlen oder die immer gleiche Zahl, die dich fast schon zu verfolgen scheint: Schlage ihre Bedeutung im Zahlenteil nach, um sie zu deuten.

Was dir Hausnummern verraten

Die Zahl, die dem Haus zugeordnet wurde, in dem du wohnst, wirkt energetisch auf es ein. Die Hausnummer verleiht jedem Gebäude eine eigene Schwingung. Schlage ihre Energiequalität(en) gerne bei den Grundschöpfungskräften 0–9 nach, die du ab Seite 79 findest.

Wie du Tagesenergien für dich nutzt

Als Tagesenergie bezeichnen wir das Datum eines spezifischen Tages. Es ist nur allzu menschlich, nach Struktur und Sicherheit zu streben, deshalb neigen manche von uns dazu, sich von dem, was ein Tag beispielsweise astrologisch zeigt, leiten zu lassen. Dasselbe wäre auch durch Numerologie möglich, aber niemals der Ansatz lichtvoll genutzter, metaphysischer Lehren.
Keine von ihnen sollten wir missbrauchen, um uns auf energetischer Ebene selbst zu manipulieren, indem wir

unser Denken, Fühlen und Handeln nach etwas anderem, als unseren eigenen Impulsen richten.
Numerologie kann uns kraftvoll unterstützen, unsere Lernfelder zu erkennen und ein erfüllteres Leben zu kreieren. Dabei möchte sie uns in die Eigenverantwortung führen, aber niemals aus ihr heraus. Achte also darauf, dir nicht unbewusst Vorgaben zu machen, wenn du ein bestimmtes Datum siehst und die Zahlen schon deuten kannst. Stattdessen kannst du Tagesenergien neugierig beobachten und erkennen, auf welch wundervolle Weise sie auf uns wirken.

Als ich eines Sonntags vor meinem Mann und meinen Kindern aufgestanden war, hatte ich große Lust, meine Familie mit einem schönen Frühstück zu überraschen. Meinen Söhnen habe ich aus Joghurt und Früchten Tiergesichter auf ihre Teller gezaubert und meinem Mann eine Bowl zubereitet, die locker mit dem besten Café der Stadt mithalten konnte.
Danach saß ich an diesem warmen Sommermorgen auf unserem Freisitz und hatte die Idee – in Anlehnung an die bekannten tibetischen Gebetsfahnen –, 10 weiße Stoffzuschnitte mit Zahlen zu beschriften und im Garten aufzuhängen. Ich genoss diese Bastelei sehr, war innerlich entspannt und völlig gelöst. Ich wählte für meine Fahnen die zehn Grundzahlenkräfte und schrieb darunter jeweils drei ihrer Eigenschaften, die für unsere Familie wirken sollten. Als ich später in meinen Kalender schaute, musste ich lächeln: Es war der 8.8. – die genussvolle 8 steht unter anderem für Kreativität, Handarbeit, Ästhetik und inneren Frieden.

So machst du Numerologie zum Schlüssel für deine Freiheit

Weder Numerologie noch eine andere lichtvoll ausgerichtete Lehre möchte dir den Weg vorgeben. Erlaube niemals einer Lehre oder einem Lehrer, dir vorzugaukeln, dein Potenzial sei beschränkt. Gib niemals das Zepter aus der Hand. Hör niemals auf, deinem Herzen zu folgen. Fang niemals an, anderen mehr zu vertrauen als dir selbst. Die Power der Eigenverantwortung kannst du als Basis für deine Zahlenreise nutzen.

Ich sage das in solcher Deutlichkeit, weil es eine große Hoffnung von vielen ist, die sich auf dem Weg zu sich selbst befinden: endlich jemanden oder etwas zu finden, der oder das sie anleitet, wie dieses Leben zu bewältigen sei. Manche wählen für diese Rolle Partner, andere auch im Erwachsenenalter noch ihre Eltern, wieder andere Religionen oder Glaubenskreise. In der Persönlichkeitsentwicklung werden Coaches, in der Selbstentwicklung spirituelle Lehrer zu Ikonen und auf eine imaginäre Stufe gehoben, was Schülern jedoch ganz und gar nicht dient. Auch metaphysische Lehren können benutzt werden, um dir glauben zu machen, dass du endlich nach einer langen Fahrt auf teils stürmischer See in einem sicheren Hafen angekommen bist.

Die Sehnsucht nach diesem Hafen ist nur zu verständlich. Dennoch läufst du erst in einen Hafen ein, wenn deine Seele beschließt, aus diesem Leben zu treten. Erst wenn du deinen Körper verlässt, ist diese Fahrt vorbei.

Vorher bist du nicht nur Matrose oder Matrosin, du steuerst das Schiff. Gemacht, um jede Welle zu meistern, und hier, um mit deinem Schiff den Ozean zu erkunden, der du in Wahrheit selbst bist.

Du bist es, die oder der die Segel setzen darf und du bist absolut fähig zu entscheiden, welche Impulse anderer dir wirklich dienlich sind.

> *Du allein* bestimmst deinen Kurs und du hast alles, was du dafür brauchst – vergiss das nie.

Absolut in Einklang damit ist es, dir Unterstützer für deine Reise zu suchen (beispielsweise in Form von Menschen, Lehren und lichtvollen Wesenheiten). Numerologie ist eine wundervolle Begleiterin, wenn du sie an deine Seite wählst. Sie kann dir helfen, viele Abkürzungen auf deiner Route zu nehmen und mit viel mehr Leichtigkeit zu segeln.
Ihre wahre Power wirst du jedoch erst freisetzen, wenn du zu 100 Prozent bereit bist, in die Eigenverantwortung zu gehen.

Numerologie kann dir ...

- wertvolle Impulse für deine Reise geben, aber wie du sie nutzt, entscheidest nur du.
- ein hilfreicher Kompass sein, aber deine Reiseroute legst du selbst fest.
- Winde und Strömungen leichter verständlich machen, aber die Antworten auf die Herausforderungen des Lebens findest du ausschließlich in dir.

Im letzten Punkt erkennst du den Kern des Wortes Eigenver-*Antwort*-ung. Er ist unser aller Ausgangspunkt für ein freies Leben. *Von hier aus* die Wahl zu treffen und dich aus dieser Kraft heraus von den universellen Zahlenkräften unterstützen zu lassen, ist der erfolgreichste aller Bewusstseinswege - ganz einfach, weil Erfolg bedeutet, in erster Linie dir selbst zu folgen.

Alle Impulse, die dir die Ganzheitliche Numerologie schenken möchte, führen zu mehr Freiheit, Erfüllung und Liebe. Sie kann damit ein Schlüssel sein, zurück in die Natürlichkeit deines Wesens. Steuerst du dein Schiff wahrhaftig eigenverantwortlich, wird das ganz von selbst so sein.
Überprüfe es dennoch immer wieder einmal und vertrau dir zutiefst: Solltest du jemals etwas anderes als Befreiung empfinden, wenn du mit Zahlen arbeitest (vielleicht sogar eine kleine Abhängigkeit, in die du dein Boot manövriert hast, weil du glaubst, die Zahlen zu brauchen), sei sanft mit dir, statt erschrocken das Steuer herumzureißen. Segle einfach zurück in die klaren Wasser deiner Eigenverantwortung und nutze dadurch das ganze Potenzial der Zahlenweisheit für dich!

Teil 2

ZAHLEN

Willkommen in der Welt der Energien, aus deren Zusammenspiel alles Existierende entsteht

Bist du bereit für wahren Zahlenzauber? Bereit, deine selbst gewählten Aufgaben für dieses Leben endlich in Klarheit zu fühlen? Dann lass uns in das Geheimnis deines kosmischen Codes eintauchen!

Im folgenden Nachschlagewerk lernst du die zehn Grundzahlen 0–9 und ihren sogenannten *geistigen Charakter* kennen. Damit ist das Potenzial gemeint, das sich energetisch hinter jeder Zahlenkraft verbirgt.

Starte mit der Erkundung deiner Tageszahl (falls sie zweistellig ist, beginne mit der zweiten Ziffer) und lies dir zunächst die folgenden Grundregeln zur Deutung der Zahlen durch.

Kapitel 4

Lerne die Zahlen lesen und verstehen

Ein umfangreiches Nachschlagewerk

Innerhalb eines Geburtsdatums kannst du dir zunächst die einzelnen Ziffern genauer anschauen. Sie enthalten die Aspekte deiner selbst gewählten Aufgaben für dieses Leben. Was die einzelnen Teile deines Geburtsdatums – die Tages-, Monats- und Jahreszahl – bedeuten und wie sie zusammenwirken, erfährst du anschließend im Workbook.

So interpretierst du deinen Jahrgang korrekt

Bitte beachte Folgendes, wenn du herausfinden möchtest, was deine selbst gewählten Aufgaben sind: Die Jahrhundertzahl deines Jahrgangs wird bei der Betrachtung deines Geburtsdatums ausgespart. Zur Erstellung numerologischer Charts für meine Readings ist sie unabdingbar, aber für deine Arbeit mit der Ganzheitlichen Numerologie beziehst du bitte nur die letzten beiden Ziffern deiner Jahreszahl mit ein. Die Ausnahme ist die Berechnung deiner Lebenszahl, aber darauf werde ich dich im Workbook hinweisen.
Es geht nicht darum, Jahrhundertzahlen zu ignorieren, je-

doch wirken sie mehr kollektiv als individuell. Sie lassen energetisch eher Rückschlüsse auf ganze Generationen als auf das Individuum zu, schließlich trägt sie jeder Mensch, der in diesem Jahrhundert zur Welt gekommen ist.

Wenn du am 25.6.1974 geboren bist, schlägst du die Zahlen 2, 5, 6, 7 und 4 nach – die 1 und die 9 lässt du weg.
Beim Geburtsdatum 18.7.2002 betrachtest du die Zahlen 0, 1, 2, 7 und 8. Die Jahrhundertzahl 20 sparst du zwar aus, jedoch beziehst du die 02 des Jahrzehnts mit ein.

Was wir an den beiden Jahrhundertzahlen unserer Zeit erkennen können? Sie hatten und haben auf das Kollektiv durchaus intensiven Einfluss! Die 19 ist eine stark technisch orientierte, dynamische Kraft und kennzeichnet eine ebenso geartete Zeit: Industrialisierung, Digitalisierung, zahllose neue Wissenschaften – es ist kein Wunder, dass all dies unter der Wirkung der 19 geschah, die es spielerisch versteht, zu tüfteln, zu denken, zu forschen und neues Wissen auf die Erde zu bringen. Das Jahrhundert, das auf der 19 basiert, begründete auch das Informations- und Kommunikationszeitalter. Beide Themen sind typisch für diese Zahl.
Das Millennium im Jahr 2000 – die 0 steht für Transformation – brachte eine energetische Zeitenwende: Mit der Kraft von 2 und 0 wirken seither Zahlen, bei denen sich alles um Bewusstsein dreht.
Seit 2000 kommen Seelen bereits mit deutlich höherem Bewusstsein auf die Erde als in den Jahrhunderten davor.

2012 war das Jahr, in dem sich die Erde für den Aufstieg entschied, 2020 das Jahr der Transformation, in dem ein kollektiver Wandel auf dem ganzen Planeten Einzug hielt und sich in 2021 weiter vollzog. 2022 wird das Bewusstseinsjahr genannt, geprägt von der Meisterzahl des Bewusstseins – der 22. All diese Jahreszahlen tragen die Geistkräfte 0, 1 und 2, die sich gegenseitig noch verstärken, wenn sie aufeinandertreffen.
Das Potenzial für höheres Bewusstsein (oder vielmehr die Samen, die gesät wurden) war in diesen Jahren immens – und wird es in den kommenden Jahrhunderten bleiben.

Wie du mit der Zahl Null in Geburtsdaten umgehst

In der Ganzheitlichen Numerologie wird die Null wie in der Mathematik betrachtet: Sie wird keiner Zahl vorangestellt, weil sie ihren Wert nicht verändern würde. Du würdest auch nicht 03 + 05 = 08 rechnen, genauso wäre auch die Schreibweise des Geburtsdatums 03.08.2007 numerologisch falsch. Korrekt ist 3.8.2007. Die Jahreszahl 07 entspringt der Zahl 2007, deshalb ist hier die 0 wiederum relevant. Bitte beachte das bei Geburtsdaten, weil du ihre Kraft sonst fehlinterpretierst.

Interpretation von einstelligen Zahlen

Jede einstellige Zahl in einem Geburtsdatum (und im Grunde auch in jeder Zahl, die dir im Alltag begegnet) zeigt eine klare Fokussierung auf ihre jeweilige Energie an. Sie ist nicht eingefärbt von weiteren Kräften. An jeder Stelle deines Geburtsdatums, an der du eine Einzelzahl trägst, darfst du dich sehr klar auf ihre Themen ausrichten.

Einerseits ist das praktisch, weil es einfacher erscheint, nur eine Kraft zu meistern, andererseits ist es nicht so leicht, dich in diesem Bereich vor dieser Kraft zu verstecken, indem du auf eine andere deiner Stärken ausweichst.

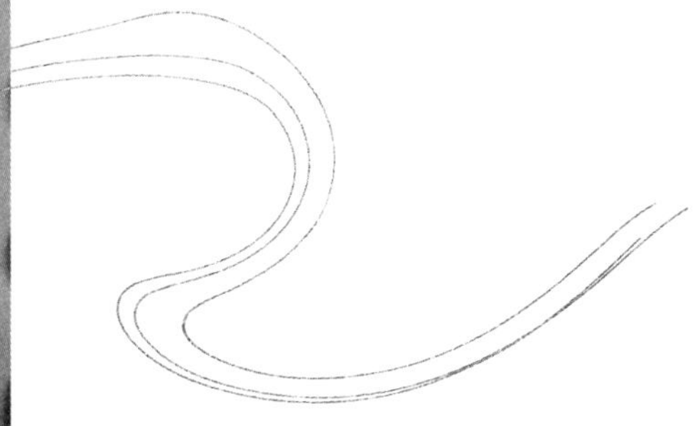

Interpretation von zweistelligen Zahlen

Zweistellige Zahlen kommen in der Numerologie relativ häufig vor – in Namen, Quersummen, Geburtsdaten und vielem mehr.

Der Jahrgang 76 setzt sich aus zwei Grundzahlenkräften zusammen. Sie stehen in besonderer Beziehung zueinander.
So interpretierst du ihr Zusammenspiel: Schau dir zunächst die beiden Einzelzahlen 6 und 7 an, also die Grundaspekte der Doppelzahl, und lerne sie kennen. Beachte anschließend: Die zweite Stelle einer zweistelligen Zahl – in unserem Fall die 6 – färbt die erste Stelle dieser Zahl ein. Das kannst du dir folgendermaßen vorstellen:
Die erste Stelle – in diesem Fall die 7 – beschreibt, um *was* es geht: Mit der 7 bilden unter anderem Lebensfreude und Vitalität die Basis der Energie 76.
Die zweite Stelle ist die 6. In ihrem Fall geht es beispielsweise um Begeisterungsfähigkeit und Körperbewusstsein. Gemeinsam bilden 7 und 6 die »Zahl der Lebens-Begeisterung«. Auch in der Bezeichnung wird der Schwerpunkt der 6 fühlbar.

Vielleicht hast du schon einmal diesen Satz gehört: »Es ist nicht so wichtig, *was* wir tun, sondern *wie* wir es tun.« Genau das drückt sich auch in den Zahlen aus: Die zweite Stelle (das WIE) ist wirkstärker als die erste (das WAS).

Interpretation von dreistelligen Zahlen

Dreistellige Zahlen wirst du vielleicht zum ersten Mal bewusst antreffen, wenn du später im Workbook deine Namen berechnest. Im Alltag erscheinen sie uns oft auf Autokennzeichen. Sogar während ich diese Zeilen auf der Veranda meines Hotels schreibe! Schon länger spüre ich, dass ich auf die Toilette gehen möchte, aber völlig im Schreiben versunken bin. Ich wende meinen Blick nach rechts und sehe ein einziges Auto auf dem Parkplatz. Sein Kennzeichen trägt die Zahl 660 – eine Kraft, die den Hinweis auf Loslassen und Wandel auf Körperebene gibt. Ich muss schmunzeln. Du siehst: Alles – wirklich alles – ist Information.

Die wirkstärkste Kraft ist auch bei einer dreistelligen Zahl die letzte Stelle. Schau dir die einzelnen Aspekte der Zahl an, um ihre Informationen zu entschlüsseln.

Interpretation am Beispiel der Zahl 103:

- Die 3 wirkt als letzte Stelle maßgeblich auf die 1 und die 0 ein.
- Der Schwerpunkt dieser Energie ist also dynamisch, aktivierend und freiheitsfördernd.
- Auch die 1 steht unter anderem für Freiheit und den eigenen Weg.
- Die Null bringt das Potenzial für Wandel und Transformation mit hinein.

Zusammenfassend könnte man sagen, dass die 103 Impulse schenkt, mit geballter Entschlossenheit etwas aufzulösen, etwas zu verändern oder etwas Neues zu beginnen.

Die universellen Grundschöpfungskräfte 0–9

0 Grundschöpfungskraft

Ich bin eine hoch empfängliche Kopf-Geist-Zahl und stehe für die Kraft der Transformation. Ich liebe es, wenn du durch mich in deinen Flow findest. Wenn du mich in deinem Geburtsdatum trägst, verleihe ich dir Hingabe und Wandlungsfähigkeit.

Ich schenke dir das Potenzial, für Veränderungen und als Aufklärer zu wirken.

Wenn du meine Energie verkörperst, kannst du als Mensch einen guten Zugang zu den geistigen Welten entwickeln. Erinnere dich an das wundervolle Wesen, das du bist, und du wirst dich in Leichtigkeit mit den feinstofflichen Welten verbinden.

Lichtvolles

Hingabe, Fürsorge, soziales Verhalten, Sinn für Jenseitiges und Mediales, große Transformationskraft in allen Bereichen, Offenheit für Neues sowie Veränderungen und Wandel

Schattenseiten

Drängendes Gefühl, endlich ankommen zu wollen, innere Unruhe, äußere Umstände verändern wollen, Verzettelung, Unklarheit, Rastlosigkeit

Farbe

Weiß

Zuordnungen

- Yin-Kraft
- Gegenpol: 5
- Planet: -
- Element: -
- Zahl des Wandels, des Flows, des Nichts und der Stille (jenseits von Schwingung)
- Gesundheit: Durchblutung der Füße und Beine, damit die Erdkraft darin aufsteigen kann

Chakra

Nackenchakra (Tor der Neuwerdung und Transformation)

Der Weg der Zahl: Die 0, wenn Bewusstsein ansteigt

Wer eine 0 trägt, lernt in der Regel – zumindest in Teilen seines Lebens – das Gefühl, aufgewühlt zu sein, und von innerer Unruhe kennen. Im Außen kann es sein, dass oft nach Veränderung gestrebt wird. Von der Frisur über den Job, der Wohnungseinrichtung oder dem Wohnort – es kann der ständige Drang vorhanden sein, etwas wandeln zu wollen. Dahinter steckt in Wahrheit nur der Wunsch, sich endlich *angekommen* zu fühlen. Wird dieser nicht erkannt, kann die 0 in den Gegenpol 5 kippen: Es wird dann beispielsweise versucht, alles Mögliche festzuhalten (statt mit der 0 das Loslassen zu trainieren), weil der Alltag wie im Schleudergang wahrgenommen wird. Steigt jedoch Bewusstsein an, nutzt ein Mensch mit der 0 ihre transformative Kraft für ihre *inneren* Prozesse: Der Wandel im Außen weicht einem Bewusstseinswandel. Wer die 0 trägt, kann dann erkennen, dass er dem Fluss des Lebens vertrauen darf, und ihm wird klar, dass künstlich erzeugter Flow (= Wandel im Außen) niemals zu wahrer Fülle führt. Die 0 in hoher Schwingung weiß also um die Wichtigkeit der Hingabe ans Leben und des Loslassens, um ihr wahres Potenzial freizusetzen. Ihren Trägern eröffnen sich damit höchste feinstoffliche Zusammenhänge und ein tiefer Zugang zu den jenseitigen Welten.

Pure Verkörperung: Der Energieanteil der 0 im Menschen

Um zu verstehen, wie die 0 durch einen Menschen wirken kann, lass uns annehmen, eine einzige Zahlenkraft könnte seine Energie definieren. Wenn ein Mensch also die Zahl 0 pur verkörpert, hat er eine hingebungsvolle, wandlungsbetonte Energie. Er sieht sich als Reformator seiner Zeit, liebt Abwechslung und sorgt für so manche Überraschung. Manchmal hängt er gern Traumwelten nach und seine Energie scheint sich zu zerstreuen – er hat aber gelernt, immer wieder Boden unter den Füßen zu finden. Anhaftungen transzendiert er in Leichtigkeit und gibt sich überraschenden Wendungen im Alltag hin. Er nimmt gerne Impulse auf, die seine Geisteshaltung und sein Weltbild erneuern, und ist darauf ausgerichtet, seinen natürlichen Flow zu entdecken. Hingabe trainiert er nicht nur für sich selbst, sondern schenkt sie auch anderen Menschen durch seine soziale, fürsorgliche und behütende Art. In seinem Umfeld hat er aufgehört, sich wie ein Spielball hin und her schieben zu lassen. Stattdessen hat er im Laufe seines Lebens begonnen, selbst wirkstark zu beeinflussen. Seine hohe Empfänglichkeit nutzt er, um seine Herzenswünsche klar zu erkennen und ihnen zu folgen – im Bewusstsein, dass alles fließt, wenn er sich nur traut, mitzufließen.

So entwickelst du ihr Potenzial

- Übe dich darin, loszulassen, und lass vorbeiziehen, was dir nicht dient.
- Etwas unbedingt verändern zu wollen, das sich aber mühsam und anstrengend anfühlt, ist ein Indikator dafür, dass du dich auf deinen inneren Wandel rückbesinnen darfst.
- Annahme ist der wichtigste Schritt, um loszulassen.
- Lerne, mehr und mehr im Jetzt zu leben – Vergangenheit und Zukunft sind Illusionen deines Egos.
- Nutze das Bewusstsein, dass du bereits grenzenlos an die Feinstofflichkeit angebunden bist und dich im Laufe deines Lebens nur Stück für Stück zu erinnern brauchst.

Ätherische Öle und ihre Affirmationen zur Unterstützung der 0

Oregano: »Ich lasse los und öffne mich für den Wandel.«

Zypresse: »Ich bin im Flow und vertraue meiner höheren Führung.«

Sandelholz: »Ich gebe mich dem Leben hin und weiß, dass ich immer versorgt bin.«

1 Grundschöpfungskraft

Ich bin eine aussendende Yang-Kraft und stehe für die Power der Inspiration. Ich liebe es, wenn du durch mich zu wahrer Freiheit findest. Wenn du mich in deinem Geburtsdatum trägst, bist du mit endlosem Ideenreichtum gesegnet, den du weise führen lernen darfst.
Ich schenke dir das Potenzial, viel Innovatives in die Welt zu tragen und, wo immer du es fühlst, die Initiative zu ergreifen – gerne auch auf völlig neuen Pfaden.
Wenn du meine Energie durch dich lebendig werden lässt, kannst du als Mensch gesunde Grenzen setzen und gleichermaßen deine Grenzenlosigkeit begreifen.

Lichtvolles

Neues initiieren und begründen, gegen den Strom schwimmen, sich genug Raum und Freiheiten gönnen, empfänglich für Inspiration und neue Ideen sein und diese auch kanalisieren lernen; Humor und Witz

Schattenseiten

Egoistisches Verhalten, eher nüchtern und nicht auf andere achten, alles auf einmal umsetzen wollen und nicht wissen, wohin mit den vielen Ideen, verkopfte Herangehensweisen

Farbe

Ultraviolett

Zuordnungen

- Yang-Kraft
- Gegenpol: 6
- Planet: Pluto
- Element: Wasser
- Zahl der Alchemie und des Geistfeuers
- Symbolzahl der Quelle
- 1. Primzahl (sehr wirkstark)
- Gesundheitliche Aspekte: Unterleib, Sexualität, Entgiftung

Chakra

Sakralchakra (Ich bin für mich hier.)

Der Weg der Zahl: Die 1, wenn Bewusstsein ansteigt

Auf der irdisch-materiellen Ebene liebt die 1 Freiheit und schwimmt gerne gegen den Strom.

Sie liebt es, neue Herangehensweisen auszuprobieren, vieles zu initiieren, dabei den Kopf zu benutzen und ihre vielen Ideen umzusetzen.

Im höheren Sinne shiftet diese Grundzahlenkraft das Bewusstsein des Egos (dem es nur um »die eine« Person geht) in das der allumfassenden Ein-heit. Ihre Energie schenkt das Potenzial, viel Inspiration »von oben« zu empfangen.

Energetisch sind Ideen nämlich kein Produkt des Kopfes, sondern Ein-Fälle in Form von höherer Inspiration. Je bewusster diese Kraft gelebt wird, desto leichter fällt es ihr, natürliche Inspirationsquellen zu nutzen, statt sich in Überlegungen zu verlieren.

Pure Verkörperung: Der Energieanteil der 1 im Menschen

Um zu verstehen, wie die 1 durch einen Menschen wirken kann, lass uns annehmen, eine einzige Zahlenkraft könnte seine Energie definieren. Ein Mensch, der die Zahl 1 pur verkörpert, wäre wie ein Schauspieler auf der Bühne des Lebens: Täglich betritt er den Raum, den er liebt, und erfüllt ihn mit seinen Gaben. Die Liebe zum freien Spiel auf der eigenen Bühne ist ihm genauso wertvoll wie das Bewusstsein, dass es eben *nur ein Spiel* ist. Genau wie einem guten Schauspieler sind ihm der freie Ausdruck und Authentizität wichtig. Er liebt es, sich in seiner Rolle ständig neu zu erfinden, grenzenlos viel Inspiration für das Spiel des Lebens zu empfangen und, wann immer es möglich ist, gegen den Strom zu schwimmen. Seine universelle Anbindung ist unglaublich stark, und er stellt sie über sein Ego, das sich sonst gerne und schnell in den Mittelpunkt drängt. Er hat gelernt, gesunde Grenzen zu setzen, sich seine Freiheiten zu nehmen und andere damit zu inspirieren. Mit ihm ist eines sicher: Ohne eine erfrischende Portion Humor und Witz im Gepäck wird man ihn nicht erleben!

So entwickelst du ihr Potenzial

- Übe dich darin, Gefühle zu zeigen.
- Strebe genügend Freiräume an.
- Entwickle deine authentische Art von Leadership.
- Vertraue darauf, dass du geführt bist und lerne, die Fülle an Inspiration zu priorisieren.
- Setze gesunde Grenzen.
- Lerne dein Sakralchakra gut kennen und sorge immer wieder dafür, dass es aktiviert wird.

Ätherische Öle und ihre Affirmationen zur Unterstützung der 1

Teebaum: »Ich setze gesunde Grenzen und gehe mutig meinen Weg.«

Koriander: »Ich stehe für mich ein und nehme meine Bedürfnisse achtsam wahr.«

Cassia: »Ich gehe meinen Weg und öffne mich dafür, andere damit zu inspirieren.«

Grundschöpfungskraft 2

Ich bin eine Kopf-Geist-Kraft und stehe für die Power des Bewusstseins. Ich liebe es, wenn du durch mich die Verbindung zu deiner Intuition (er)lebst. Wenn du mich in deinem Geburtsdatum trägst, bist du mit wundervollem Tiefgang gesegnet, der dich ganz natürlich mit dieser feinen Stimme verbinden kann.

Ich schenke dir das Potenzial, die Dinge ganzheitlich und von allen Seiten zu betrachten, und sie dennoch nicht zu bewerten.

Wenn du meine Energie verkörperst, kannst du als Mensch intuitiv und mitfühlend durchs Leben gehen und die Kraft deines Seelenausdrucks begreifen.

Lichtvolles

Empathie und Anpassungsvermögen, starke Intuition, gesundes Maß an Rückzug, um tief zu fühlen, Streben nach Verbindung und Sozialem

Schattenseiten

Selbstzweifel, sich nur um andere kümmern und daraus resultierende Selbstvernachlässigung, psychisches Durcheinander, Entscheidungen mit dem Kopf treffen, statt hinzufühlen

Farbe

Violett

Zuordnungen

- Yin-Kraft
- Gegenpol: 7
- Planet: Neptun
- Element: Erde
- Zahl des Bewusstseins und des polaren Lebens auf der Erde
- 2. Primzahl (sehr wirkstark)
- Gesundheitliche Aspekte: Entgiftung, Verdauung, Kreislauf

Chakren

Solarplexuschakra (Anteil von Mitgefühl, Ausgangspunkt der Gedanken), Drittes Auge (Schlüssel zur Intuition)

Der Weg der Zahl: Die 2, wenn Bewusstsein ansteigt

Die 2 repräsentiert das Konzept von »du und ich« – es geht um (mindestens) zwei. Auf der irdisch-menschlichen Ebene trägt diese Grundzahlenkraft daher eine sehr soziale Komponente in sich. Menschen mit der 2 im Geburtsdatum haben oft das Gefühl, sehr verkopft zu entscheiden. Steigt das Bewusstsein an, wird dieses Abwägen, Analysieren und Bewerten abgelöst von der Power der Intuition. Dafür braucht die Kraft der 2 genügend Rückzug, denn die intuitive Stimme ist leise. Die 2 ist auch die Zahl des Bewusstseins. In niedrigerer Schwingung kann ihre Energie dazu neigen, zu bewerten und zu beurteilen, auf höherer Ebene beobachtet sie, betrachtet von allen Seiten, schaut genau hin, aber polarisiert nicht mehr. Die irdische Wahrnehmung von Pol und Gegenpol (= 2) weicht dem Bewusstsein für neutrales Beobachten und Mitgefühl.

Das starke Anpassungsvermögen der 2, das in niedriger Schwingung manchmal problematisch erscheinen mag, schenkt dir in Wahrheit die Möglichkeit zu lernen, jeden Moment sehr bewusst und wertfrei anzunehmen, wie er ist.

Pure Verkörperung: Der Energieanteil der 2 im Menschen

Um zu verstehen, wie die 2 durch einen Menschen wirken kann, lass uns annehmen, eine einzige Zahlenkraft könnte seine Energie definieren. Ein Mensch, der die Zahl 2 pur verkörpert, hat eine sanfte, vertiefte Energie. Ganz bei sich und oft zurückgezogen vertraut er auf seine innere Stimme. Manchmal scheint er Gedanken nachzuhängen und in Grübeleien zu versinken, ein anderes Mal zweifelt er an sich und kümmert sich scheinbar um andere besser als um sich selbst. In seiner Klarheit fühlt er jedoch sein wahres Sein zutiefst und ist im Vertrauen, dass mehr und mehr Bewusstsein darauf wartet, sich ihm zu offenbaren. Selbst wenn er ab und an vergisst, seine Grenzen zu wahren: Seine starke Intuition leitet ihn bedingungslos, und er kennt den Unterschied zwischen Aufopferung und Empathie genau.

So entwickelst du ihr Potenzial

- Sorge für Motivation und Lebensfreude in allen Situationen.
- Balanciere Geselligkeit mit ausreichend Rückzug für dich selbst.
- Schule deine Intuition und sorge gut für deine Zirbeldrüse.
- Lerne deinen Solarplexus und dein Drittes Auge gut kennen und aktiviere sie.
- Lerne, nicht ständig die Felder der anderen zu fühlen, sondern dich selbst.

Ätherische Öle und ihre Affirmationen zur Unterstützung der 2

Weihrauch: »Ich erkenne, dass ich reines Bewusstsein bin und mich nur zu erinnern brauche.«

Rosmarin: »Ich öffne mich für höheres Bewusstsein und vertraue meiner Intuition zutiefst.«

Neroli: »Spannungen lösen sich, und ich fühle Harmonie, weil mir die Illusion von Polarität bewusst ist.«

3 Grundschöpfungskraft

Ich bin eine männliche Kopf-Geist-Kraft und stehe für die Power der Expansion. Ich liebe es, wenn du durch mich im Außen etwas bewirkst. Wenn du mich in deinem Geburtsdatum trägst, verleihe ich dir Dynamik und Lebendigkeit.
Ich schenke dir das Potenzial, dein inneres und äußeres Wachstum kraftvoll zu leben und pionierbetont in die Welt zu treten.
Wenn du meine Energie durch dich lebendig werden lässt, kannst du dich als Mensch unabhängig, selbstständig und frei entwickeln und immer neue Dimensionen entdecken.

Lichtvolles

Streben nach Unabhängigkeit und Selbstständigkeit, Liebe zu Dynamik und Lebendigkeit, großes Potenzial, immer wieder Neues aufzubauen und weiterzuentwickeln, mentale Stärke

Schattenseiten

Sprunghaftigkeit, sich selbst und andere zu etwas drängen, heftige Willenskräfte (»es muss vorangehen«) und Ungeduld, stark rationale Herangehensweise

Farbe

Indigo

Zuordnungen

- Yang-Kraft
- Gegenpol: 8
- Planet: Uranus
- Element: Holz
- Zahl der Dreiheit (3 Grundfarben und Zeitbegriffe, Körper/Geist/Seele)
- 3. Primzahl (sehr wirkstark)
- Gesundheitliche Aspekte: Sinnesorgane, Blase

Chakren

Drittes Auge (Anteil des Intellekts), Halschakra (Anteil des Willens)

Der Weg der Zahl: Die 3, wenn Bewusstsein ansteigt

Wer die 3 trägt, ist es vielleicht eher gewohnt, sich nach außen zu orientieren und Dinge in die Praxis umzusetzen, die aber oft mit einer verkopften Herangehensweise einhergehen kann. Es ist sinnvoll, zu lernen, auch Dinge auf- und anzunehmen, sich manchmal etwas zurückzunehmen, nicht zu forsch oder drängend zu sein. Am leichtesten gelingt dir das mit mehr Bewusstsein über die höhere Schwingung der 3: Die Gabe, Dinge in Gang zu setzen und in allen Bereichen Fahrt aufzunehmen, ist ein Hinweis auf unser grenzenloses Entwicklungspotenzial. Dabei gilt es, jede Art von »Wollen« (ein Trick des Egos) in »Absicht« zu transformieren. Während »Wollen« vom Ego initiiert wird und das Leben unnötig verkompliziert, ist »Absicht« eine hochschwingende Kraft, die Energie in Leichtigkeit transformiert. So werden Veränderungen aus höherer Ebene eingeleitet, und der Weg ist frei für echte Expansion und das Übertreten von Räumen und scheinbaren Grenzen.

Pure Verkörperung: Der Energieanteil der 3 im Menschen

Um zu verstehen, wie die 3 durch einen Menschen wirken kann, lass uns annehmen, eine einzige Zahlenkraft könnte seine Energie definieren. Ein Mensch, der die Zahl 3 pur verkörpert, hat eine aktivierende, entwicklungsbetonte Energie und eine starke Motorik. In seinem Streben nach Wachstum nutzt er gern seinen Forscherdrang und seinen Entdeckergeist. Er agiert selbstständig, braucht viel Freiraum und neigt dazu, die Dinge teilweise recht nüchtern und rational anzugehen. In der Klarheit seiner Energie liebt er es, Projekte mit Feuereifer zu starten, sie weiterzuentwickeln, abzuschließen und wieder von vorn zu beginnen. Dabei leiten ihn oft ein starker Wille und eine mentale Stärke. Er achtet gut auf sich, indem er einen Schritt nach dem anderen geht und in seiner Expansionskraft dennoch geduldig bleibt. Er hat gelernt, seine Verstandeskräfte nicht mehr vor seine Gefühle zu stellen, entfaltet sich frei und entdeckt immer neue Bewusstseinsräume.

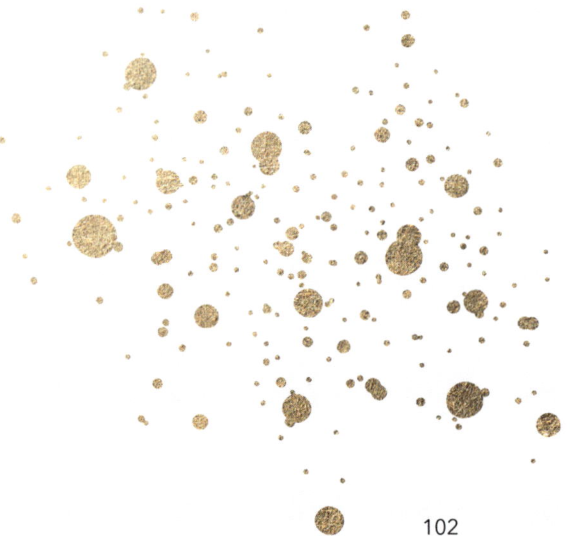

So entwickelst du ihr Potenzial

- Übe dich in Geduld und versuche, herauszufinden, was hinter der Angst steckt, etwas zu verpassen.
- Mühe und Anstrengung sind Indikatoren dafür, dass du gerade im »Wollen« – also im Ego – bist.
- Integriere genügend innere und äußere Freiheiten in dein Leben, um Enge, Druck (auf dich und andere) und Schnellschüsse zu vermeiden.
- Lerne dein Drittes Auge und dein Halschakra kennen und aktiviere sie.
- Tüfteln, animieren, umgestalten, reformieren: Woran hast du in welchen Lebensbereichen Freude?

Ätherische Öle und ihre Affirmationen zur Unterstützung der 3

Korianderkraut: »Ich lasse die Kontrolle los und bin bei jedem Entwicklungsschritt ganz bei mir.«

Nelke: »Ich befreie mich von Einengung und schaffe Raum für Entwicklung.«

Vetiver: »Ich richte mich auf meinen freien Weg des Wachstums aus und entdecke mich neu.«

4 Grundschöpfungskraft

Ich bin eine weiblich-emotionale Energie und stehe für die Kraft der Klarheit. Ich liebe es, wenn du durch mich zu höchster Erkenntnis findest. Wenn du mich in deinem Geburtsdatum trägst, verleihe ich dir Beharrlichkeit und Fokus.
Ich schenke dir das Potenzial, Dinge und Ereignisse aller Art in der Tiefe zu hinterfragen.
Wenn du meine Energie verkörperst, kannst du als Mensch Freude daran entwickeln, alle Herausforderungen anzunehmen und wundervolle Lösungen zu entwickeln.

Lichtvolles

Hohe Konzentrationsfähigkeit und Fokus, Streben nach Erkenntnissen und Lösungen, große Ausdauer, natürliche Zähheit, Liebe zu höchster Klarheit, strukturierte und vertiefte Herangehensweise

Schattenseiten

Ernsthaftigkeit und Schwermut, Opferhaltung, kleinliches Verhalten, Dramatik, innerer Rückzug, Frust

Farbe

Blau

Zuordnungen

- Yin-Kraft
- Gegenpol: 9
- Planet: Saturn
- Element: Beryllium
- Zahl des Karmas (Schicksal, Erkenntnis) und der Materie (zum Beispiel vier Jahreszeiten und vier Himmelsrichtungen)
- Gesundheitliche Aspekte: Hals, Bronchien, Lunge

Chakren

Halschakra (Kommunikation/Ausdruck, Klarheit im Innen und Außen), Drittes Auge (Klarheit, Hellsicht), Solarplexus (die eigene Sicht in Klarheit postulieren)

Der Weg der Zahl: Die 4, wenn Bewusstsein ansteigt

Trägerinnen und Träger einer 4 haben einen klaren Fokus und können dadurch in manchen Phasen oder Bereichen ihres Lebens das Gefühl haben, Probleme und Hindernisse magisch anzuziehen – schlicht und einfach deshalb, weil sie sie unbewusst fokussieren. Vieles scheint sich schwierig zu gestalten, Abhilfe sollen dann oft eine besonders gute Planung und eine perfektionistische Herangehensweise schaffen. Steigt Bewusstsein an, wird erkennbar: Das Potenzial dieser Kraft liegt im *Lösen* von irdischen Problemstellungen und kann dadurch alle, die sie tragen, im jeweiligen Bereich zu höchster Erkenntnis führen. Was im Außen oft als Hang zu Ordnung und festen Strukturen gelebt wird, ist im Inneren die zunächst unbewusste Gabe, Energie bündeln zu können (= zu fokussieren). Wirklich schwierig wird es nur, wenn dieser Fokus im Leben *nicht* über das Problem hinausgeht, nämlich hin zur Lösung. Hast du mit der 4 jedoch stets im Blick, dass es keine Zufälle gibt, sondern dir alles zufällt, verhilft dir ihre emotionale Kraft zu höchster Klarheit, die du dir nicht mehr im Außen erschaffen musst, sondern die sich ganz natürlich manifestiert.

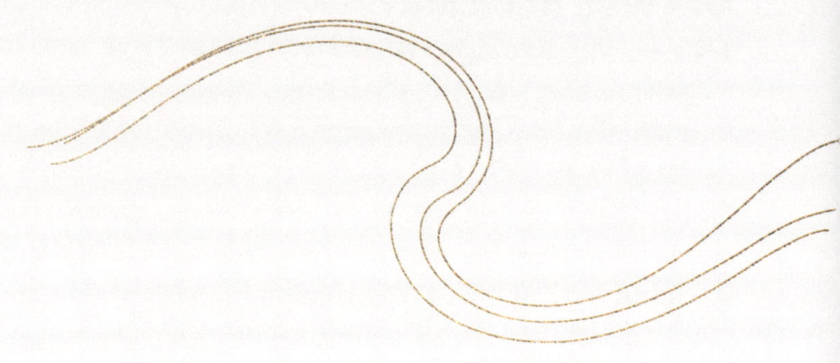

Pure Verkörperung: Der Energieanteil der 4 im Menschen

Um zu verstehen, wie die 4 durch einen Menschen wirken kann, lass uns annehmen, eine einzige Zahlenkraft könnte seine Energie definieren. Ein Mensch, der die Zahl 4 pur verkörpert, hat eine vertiefte Energie. Wann immer er in Ernsthaftigkeit oder Verbissenheit verfällt, erinnert er sich wieder: Seine Aufgabe ist es, fühlend und präzise nach neuer Klarheit zu streben. Er nutzt seine Gabe für dieses Vorgehen auf vielen Ebenen. Auch die feinste Nuance einer Opferhaltung lernt er zu erkennen und wächst über sie hinaus, denn ihm ist bewusst: Sein scharfer Blick dient dazu, Lösung und Erkenntnis in allem zu sehen, was sich ihm als Herausforderung darbietet. Er hat längst Freude daran entwickelt, die eigenen Verhaltensmuster zu hinterfragen und Schatten aufzulösen. Er weiß um die Kraft des Rückzugs und kennt das Gesetz von Ursache und Wirkung. Seine Gefühle dürfen sich frei ausdrücken, und er findet klare Worte für das, was gesagt werden soll.

So entwickelst du ihr Potenzial

- Lebe deine Gabe, andere zu unterstützen.
- Fokussiere niemals das Problem, sondern immer die Lösung, denn Fokus schickt Energie dorthin, worauf er gerichtet ist.
- Übe dich im verbalen Ausdruck, vor allem in schwierigen Situationen.
- Lache auch mal aus ganzem Herzen über dich selbst.
- Schaffe dir angenehme Rahmenbedingungen, aber übertreibe es nicht mit äußeren Strukturen.
- Wenn du mit den höchst ordnenden Kräften harmonierst, wird das Leben mehr und mehr zum mühelosen Flow.

Ätherische Öle und ihre Affirmationen zur Unterstützung der 4

Lavendel: »Ich spreche meine Wahrheit und drücke meine Sicht der Dinge klar aus.«

Zitrone: »Ich bin fokussiert und völlig im Moment.«

Selleriesamen: »Ich kläre meine Gedankengänge und richte mich auf Lösungen aus.«

5

Grundschöpfungskraft

Ich bin eine gemütsbetonte Yang-Energie und stehe für Fülle. Ich liebe es, wenn du dir durch mich ein zutiefst erfüllendes Leben erschaffst. Wenn du mich in deinem Geburtsdatum trägst, verleihe ich dir Glücks- und Erfolgsstreben in allen Lebenslagen.
Ich schenke dir das Potenzial, Mangel als Illusion zu begreifen und mit diesem Bewusstsein anderen als Vorbild zu dienen.
Wenn du meine Energie durch dich lebendig werden lässt, kannst du als Mensch einflussreich mit beiden Beinen im Leben stehen und dich über das irdische Dasein ausdehnen.

Lichtvolles

Streben nach Erfolg (Streben danach, sich selbst zu folgen), Vorbild sein, Sinn für Pädagogik und dafür, anderen etwas beizubringen, gemütsbetontes Verhalten, Bewusstsein für Fülle und dass alles auf dieser Erde im Überfluss vorhanden ist

Schattenseiten

An Altem festhalten wollen, immer und überall für Gerechtigkeit und Ordnung sorgen wollen, Kontrolle und Unterdrückung, beispielsweise von Gefühlen oder Bedürfnissen, der Glaube an Mangel

Farbe

Gelb

Zuordnungen

- Yang-Kraft
- Gegenpol: 0
- Planet Jupiter
- Element: Erde
- Zahl der Seele und des Menschen
- 5. Dimension (Christus-Energie)
- 4. Primzahl (sehr wirkstark)
- Gesundheit: Verdauungs- und Entgiftungsorgane

Chakra

Solarplexuschakra (Gemütsbetonung, Führungsstärke, Souveränität)

Der Weg der Zahl: Die 5, wenn Bewusstsein ansteigt

Die 5 ist zunächst eine bodenständige Kraft, deren Trägerinnen und Träger sich phasenweise sehr stark in Richtung Geld, Güter und materielle Sicherheit orientieren können. Oftmals möchten sie sowohl an Gefühlen und Verhaltensweisen, aber auch an Dingen festhalten. Sie lieben, was sich bewährt hat. Später erkennen sie: Sicherheit ist ein Bedürfnis des Egos. Es ist sich nicht bewusst, dass sie im menschlichen Sinne eine Illusion ist. Wer die 5 trägt, steht zumeist gern für Gerechtigkeit ein, baut zunächst oft mit großem Einsatz Besitz auf und erkennt, wenn Bewusstsein ansteigt: Weder fühlen sie sich dadurch jemals erfüllt noch sicherer. Die 5 lehrt uns: Festhalten bringt den Fluss der Fülle zum Versiegen. Dabei entspricht Fülle unserer Natürlichkeit – es ist energetisch deutlich anstrengender, sie durch angstbasiertes Sicherheitsstreben abzuhalten, als sie fließen zu lassen. Auch das für die 5 typische Streben nach materiellem und wirtschaftlichem Erfolg wird mit steigendem Bewusstsein vom Wunsch abgelöst, sich über das Irdische auszudehnen. Dann trägt diese Kraft ihr Leuchten als führungsstarkes Vorbild in die Welt.

Pure Verkörperung: Der Energieanteil der 5 im Menschen

Um zu verstehen, wie die 5 durch einen Menschen wirken kann, lass uns annehmen, eine einzige Zahlenkraft könnte seine Energie definieren. Ein Mensch, der die 5 pur verkörpert, hat eine motivierte, souveräne Energie und übernimmt gerne Verantwortung. Er hat Freude daran, die Führung zu übernehmen und Einfluss auszuüben. Sein Motto lautet: »Lieber führen, als geführt zu werden.« Er setzt sich gerne mit existenziellen Fragen auseinander und genießt sein Dasein auch mal in Saus und Braus. Obwohl er geregelte Strukturen mag, ist ihm bewusst: Es gibt nichts, woran er festhalten muss – was von ihm wegfließt, dient ihm nicht oder kommt auf anderem Wege wieder zu ihm zurück. Konzepte, Erwartungen, Dogmen und überholte Verhaltensmuster kann er Stück für Stück gehen lassen, im Gegenzug bekommt er Fülle auf allen Ebenen zurück. Sein guter Sinn dafür, was andere Menschen brauchen, macht ihn zu einer beliebten Anlaufstelle für andere und schenkt ihm eine natürliche Vorbildfunktion. Er weiß seine Gefühle weise auszudrücken, er lebt erfüllt und eigenverantwortlich.

So entwickelst du ihr Potenzial

- Übe dich im Gefühlsausdruck und sprich aus, was in dir vorgeht – zeige deinen weichen Kern hinter der harten Schale.
- Mach dir immer wieder bewusst, dass Fülle deine Natürlichkeit ist und in ihrer höchsten Schwingung keinen »Gegenpol Mangel« hat.
- Integriere die Möglichkeit, auf verschiedenste Weisen vorauszugehen und ein gesellschaftliches Vorbild zu sein.
- Lerne, jedes Festhalten zu erkennen, und trainiere das Loslassen (zum Beispiel mithilfe des Gegenpols 0).
- Mach es dir zur Aufgabe, die Fülle in allem zu erkennen.

Ätherische Öle und ihre Affirmationen zur Unterstützung der 5

Wildorange: »Ich öffne mich für überfließende Fülle und den erfüllten Fluss des Lebens.«

Myrrhe: »Ich fühle mich sicher, versorgt und geborgen auf meiner Erdenreise.«

Ingwer: »Ich gehe voller Sanftmut kraftvoll voraus und beschreite meinen Weg eigenverantwortlich.«

Grundschöpfungskraft 6

Ich bin eine vulkanische Yin-Kraft und stehe für die Power der Energiearbeit. Ich liebe es, wenn du durch mich zu höchstem Bewusstsein für dein physisches und feinstoffliches Körpersystem gelangst. Wenn du mich in deinem Geburtsdatum trägst, verleihe ich dir Begeisterungsfähigkeit und Leidenschaft.

Ich schenke dir gute Instinkte für die praktische Umsetzung von Dingen im Alltag.

Wenn du meine Energie verkörperst, kannst du als Mensch eine Menge Herzblut in dein Wirken stecken und deinen starken Impulsen bedingungslos vertrauen.

Lichtvolles

Großes Potenzial für Energie- und Körperarbeit, die Dinge »mit Haut und Haaren« und spontan, direkt und anpackend angehen, erfüllte Sexualität und hohes Körperbewusstsein

Schattenseiten

Körperliche Abneigungen hegen, alle Arten von Verdrängung, Dinge aufschieben, Druck auf sich selbst und andere ausüben, übertreiben, sich kraftlos und ausgelaugt fühlen

Farbe

Orange

Zuordnungen

- Yin-Kraft
- Gegenpol: 1
- Planet: Mars
- Element: Metall
- Zahl des Körperfeuers, der Erde und der Hexagramme
- Gesundheit: Niere, Lymphe, Unterleib, Sexualität, Körperarbeit allgemein

Chakra

Sakralchakra (Sinnlichkeit, Beziehungen, Sexualität)

Der Weg der Zahl: Die 6, wenn Bewusstsein ansteigt

Träger der 6 wirken oft anziehend, sehr leidenschaftlich und begeisterungsfähig. Ihr Einsatz und ihr Tatendrang können andere Menschen in Leichtigkeit mitreißen. Aufgrund ihrer vulkanischen Kraft fackeln sie nicht lange, sie gehen die Dinge direkt an. Unbewusst gelebt, wird die 6 oft sehr intensiv ausagiert und kann von anderen als übersteigert wahrgenommen werden. Mit zunehmendem Bewusstsein folgen die Träger der 6 mehr und mehr ihren inneren Impulsen und sicheren Instinkten, sodass die Impulsivität im Außen abnimmt. Auch ihre Gabe, mit Energien zu arbeiten, beginnt, sich zu entfalten. Sie begreifen die Kraft des Energieaustausches, der sowohl zwischen unseren eigenen physischen feinstofflichen Körpern permanent stattfindet und ebenso, wenn wir mit anderen in Kontakt treten (Kommunikation aller Art, Berührung, Sexualität). Die wuchtige 6 schafft durch kraftvolle Aktion neuen Nährboden: Wie ein Apfelbaum, der seine reifen Früchte abwirft und diese den Erdenbewohnern schenkt; ein Vulkan, der ausbricht und den Boden mit seiner Asche nährt; oder die weibliche Gebärmutter, die das Kind in sich trägt, bis der magische Impuls kommt, ihm das Leben zu schenken. In der Natur finden sich unzählige Beispiele dafür. Im Menschen sorgt diese treibende Kraft der 6 oft für gutes Durchsetzungsvermögen, Direktheit und die Fähigkeit, Projekte in Leichtigkeit umsetzen zu können.

Pure Verkörperung: Der Energieanteil der 6 im Menschen

Um zu verstehen, wie die 6 durch einen Menschen wirken kann, lass uns annehmen, eine einzige Zahlenkraft könnte seine Energie definieren. Ein Mensch, der die Zahl 6 pur verkörpert, hat eine intensive Energie und ist auf kraftvolle Weise bei sich. Praktische Umsetzung und Verwirklichung sind für ihn leicht und selbstverständlich. Er ist längst nicht mehr *wild entschlossen*, sondern hat gelernt, seine Körperkraft klug zu führen und damit zu haushalten. Sein hohes Körperbewusstsein und seine starke Intuition helfen ihm, sich Auszeiten zu gönnen. Ist sein innerer Impuls klar, macht er wieder Nägel mit Köpfen und begibt sich gern mit Haut und Haaren in eine Sache hinein. Für das, was seinem Weg und anderen nicht dienlich ist, verschwendet er keine Energie - er weiß, wofür es sich lohnt, Kraft aufzuwenden, und kann andere wundervoll animieren. Er liebt das Handwerk und körperliche Arbeit und ist großartig darin, sich und andere für etwas zu begeistern.

So entwickelst du ihr Potenzial

- Übe dich darin, deinen Körper zu lieben, wertzuschätzen und entsprechend zu pflegen.
- Entwickle eine für dich stimmige, erfüllende Sexualität ohne innere Hemmungen.
- Lerne auch deine feinstofflichen Körper gut kennen.
- Lerne dein Sakralchakra kennen und zu aktivieren.
- Ausdrucksarbeit, Körperarbeit, praktische Tätigkeiten: Finde für dich heraus, was dir Freude bereitet!

Ätherische Öle und ihre Affirmationen zur Unterstützung der 6

Basilikum: »Ich lausche den Bedürfnissen meines Körpers und gönne ihm Pausen, um aufzutanken.«

Zimt: »Ich erlebe eine erfüllende Sexualität, wachsendes Vertrauen und liebevolle Nähe.«

Grapefruit: »Ich lerne meinen Körper wahrhaftig lieben und bin dankbar, mich durch ihn zu erfahren.«

7

Grundschöpfungskraft

Ich bin eine strahlende Yang-Kraft und stehe für Vitalität und Rhythmus. Ich liebe es, wenn du durch mich zu höchster Lebensfreude findest, weil du dein Dasein im höchsten Sinne begreifst. Wenn du mich in deinem Geburtsdatum trägst, verleihe ich dir Optimismus und Charisma.
Ich schenke dir das Potenzial, die irdische und eigentliche Natur alles Existierenden zu begreifen.
Wenn du meine Energie durch dich lebendig werden lässt, kannst du als Mensch Freude daran entwickeln, möglichst viel aus diesem Leben zu machen und dich weit über das Irdische auszudehnen.

Lichtvolles

Starke Naturverbundenheit, gutes Gefühl für Rhythmen und Zyklen (Jahreszeiten, Tanz, weiblicher Zyklus), Führungsstärke und Kompetenz, Charisma, Lebensfreude, Souveränität, gute Einflussmöglichkeiten und Sinn für Selbstständigkeit

Schattenseiten

Machtmissbrauch, Ausnutzen von Beeinflussbarkeit, Manipulation, Hochmut gegenüber anderen, Unterdrückung (oft von eigenen Gefühlen, aber auch anderer Menschen), Lebensverneinung

Farbe

Infrarot

Zuordnungen

- Yang-Kraft
- Gegenpol: 2
- Planet: Sonne
- Element: Metall
- Zahl der Naturgesetze und der Zyklen
- 5. Primzahl (sehr wirkstark)
- Gesundheit: Durchblutung, Füße, Beine

Chakra

Fußchakra (besitzt starken Bezug zum Wurzelchakra) als direkte Verbindung zur Erde

Der Weg der Zahl: Die 7, wenn Bewusstsein ansteigt

Mit der 7 kannst du mit beiden Beinen fest im Leben stehen. Du gehst die Dinge in erster Linie praxisorientiert an. Die Energie dieser Grundzahlenkraft schenkt oft eine natürliche Lebensbejahung und ein gutes Bewusstsein für das Geschenk des Lebens. Nicht umsonst ist die 7 die Lieblingszahl der meisten Menschen (ohne, dass sie sich jemals gefragt haben, warum). Steigt das Bewusstsein weiter an, werden die weltlichen Grundlagen mehr und mehr von geistigen Erkenntnissen durchströmt. Der Bewährungs-, Kämpfer- und Siegeswille weicht dem Wissen, dass uns das ewige Leben bereits geschenkt ist und es nichts zu holen, sondern nur zu erleben gibt. Stolz, der dem Ego entspringt, wird zu wahrer Freude am Dasein. Wenn das Bedürfnis, sich im Irdisch-Materiellen auszudehnen, an einem gewissen Punkt im Leben befriedigt ist, beginnt das Interesse der 7 an unserer wahren Natur (als beseelter Mensch) zu wachsen. Ihre Führungsstärke wird zu erhabener Einflussnahme auf das Leben und seine grenzenlosen Möglichkeiten. Die 7 beginnt, ihr wahres Licht erstrahlen zu lassen und geht als leuchtendes Beispiel voraus, um die Erde zu einem lichtvolleren Ort zu machen.

Pure Verkörperung: Der Energieanteil der 7 im Menschen

Um zu verstehen, wie die 7 durch einen Menschen wirken kann, lass uns annehmen, eine einzige Zahlenkraft könnte seine Energie definieren. Ein Mensch, der die Zahl 7 pur verkörpert, hat eine souveräne, königliche Energie und strahlt Erhabenheit aus. Er ist ein Lebenskünstler und liebt das Abenteuer. Durch seine starke Verbindung zum Fußchakra setzt er nicht nur die Absicht, im Leben gut *voranzukommen,* sondern er hat auch ordentlich Rhythmus im Blut. Dieser kommt auch zum Tragen, wenn er seiner Herzensfreude nachgeht und die Verbindung zur Natur pflegt: Dort erdet er sich und lebt im Einklang mit den Naturzyklen - den eigenen, aber auch mit denen des Jahresverlaufs, der Flora und Fauna oder der Planeten. Das Charisma, das er versprüht, zieht andere Menschen magisch an. Er übernimmt Verantwortung, geht voraus und hat gelernt, Dominanz durch Souveränität und Rücksichtnahme zu ersetzen. Wo er früher noch Beherrschtheit demonstrieren wollte, lässt er heute seinen Gefühlen freien Lauf. Er ist zutiefst dankbar für das ihm geschenkte Leben - im Bewusstsein, dass immer alles genau so kommt, wie es zu seinem höchsten Wohl ist.

So entwickelst du ihr Potenzial

- Übe dich darin, Gefühle zuzulassen und zu zeigen.
- Geh die Dinge direkt und ohne Umschweife an.
- Lass dein Ja zum Leben größer sein als jede Herausforderung.
- Lerne dein Fuß- und Wurzelchakra gut kennen und aktiviere sie.
- Verbinde dich regelmäßig mit der Natur und erde dich (bevorzugt über die Füße).
- Finde heraus, in welcher Form du Rhythmen und Zyklen bewusst (er)leben möchtest.

Ätherische Öle zur Unterstützung der 7

Lebensbaum: »Ich stehe geerdet im Leben und weiß gleichermaßen um mein höheres Geführt-Sein.«

Eukalyptus: »Ich bin voller Vitalität und natürlicher Selbstheilungskraft.«

Melisse: »Ich trage mein Leuchten in die Welt, indem ich mein höheres Potenzial mehr und mehr entdecke.«

8

Grundschöpfungskraft

Ich bin eine weiblich-emotionale Energie und stehe für die Kraft der Gestaltung. Ich liebe es, wenn du durch mich zu deinem inneren Frieden findest. Wenn du mich in deinem Geburtsdatum trägst, verleihe ich dir Sanftmut und Sinnlichkeit.

Ich schenke dir das Potenzial, durch deine Kreativität Harmonie auf allen Ebenen zu erzeugen.

Wenn du meine Energie verkörperst, kannst du als Mensch viel Genuss und Geselligkeit erleben und die wahre Geborgenheit unseres Seins entdecken, eingebettet im ewigen Jetzt.

Lichtvolles

Innerer Frieden, Feinheit der Sinne, Liebe zu Genuss, Sinn für Kreativität und Gestaltung, Streben nach Harmonie und Ausgleich, Geselligkeit, Achtsamkeit, Sanftheit, Weiblichkeit, das Potenzial, die Dinge in die Hand zu nehmen und anzupacken

Schattenseiten

Bequemlichkeit bis hin zur Faulheit, Hoffnungen und Erwartungen (statt zu handeln), Hang zu Genussmitteln (Süßigkeiten, Alkohol, Essen etc.), Träumerei und Antriebslosigkeit

Farbe

Rot

Zuordnungen

- Yin-Kraft
- Gegenpol: 3
- Planet: Venus
- Element: Erde
- Zahl des Paradieses, des I-Ging, der Unendlichkeit (liegende 8) und der Balance
- Gesundheit: Rücken (besonders unterer), viel Bewegung, häufige praktische Betätigung

Chakra

Wurzelchakra (innere Ruhe, Stabilität und Stärke)

Der Weg der Zahl: Die 8, wenn Bewusstsein ansteigt

Die Zahl 8 trägt die Kraft der Balance in sich. Sie fördert geselliges Miteinander, Sinnlichkeit, Genuss und Vergnügliches im Leben. Ihre Trägerinnen und Träger besitzen einen inneren Wegweiser, um Harmonie und Ausgeglichenheit zu bewirken. Die 8 schenkt viel Freude an geselligen, künstlerischen und handwerklichen Tätigkeiten – sie nimmt das Leben gern in die Hand. Kreativität aller Art folgt gewissen Gestaltungsgrundsätzen (zum Beispiel Goldener Schnitt, Notenfolgen oder Farbharmonien), diese wirken harmonisierend auf unser Unterbewusstsein. Nach dieser Harmonie, dem Ausgleich von Gefühlen, Beziehungen und Situationen, strebt die Schöpfungskraft 8. Wird sie transzendiert, führt sie zu großer Aufnahmefähigkeit feinstofflicher Einflüsse und tiefem inneren Frieden. Reine Geselligkeit weicht dann wahrer Nächstenliebe, große Sanftheit und Hingabe halten Einzug im Leben. Wo in niedriger Schwingung Genuss noch im Außen gesucht wurde, wird er mit steigendem Bewusstsein von innen heraus gelebt. Seelische Bedürfnisse werden gestillt, wo früher Ego und Körper (manchmal zu sehr) angefüllt wurden.

Pure Verkörperung: Der Energieanteil der 8 im Menschen

Um zu verstehen, wie die 8 durch einen Menschen wirken kann, lass uns annehmen, eine einzige Zahlenkraft könnte seine Energie definieren. Ein Mensch, der die Zahl 8 pur verkörpert, hat eine balancierte und soziale Energie. Er genießt sein Dasein in vollen Zügen, gern zusammen mit anderen Menschen und immer mit all seinen Sinnen. Er richtet – gut verwurzelt – sein Leben nach den geistigen Gesetzen aus. Wenn er planlosen Fantasien nachhängt, ohne anschließend ins Handeln zu kommen, erkennt er: Zu große Passivität behindert sein Wirken. Er begreift Schattenseiten als Erinnerung daran, dass er sich genussvoll ins Leben hinein entspannen und ihm vertrauen darf, weil dadurch viel mehr Fülle fließt. Dennoch ist er jederzeit bereit, für seine Träume loszugehen. Die hohe Empfänglichkeit seiner 8 und ihre Kraft, das Leben in die Hand zu nehmen, unterstützt ihn, seinen Impulsen zu vertrauen. Seine bunten inneren Bilder helfen ihm, kraftvoll zu manifestieren: Im Bewusstsein seiner Unendlichkeit kreiert er sich eine vielfältige, abwechslungsreiche Zukunft.

So entwickelst du ihr Potenzial

- Übe dich im praktischen Tun und in deinem Seelenausdruck.
- Entwickle eine für dich stimmige Beziehung zu Sinnlichkeit, Weiblichkeit (auch als Mann!) und Erotik.
- Nutze die Lemniskate, das Symbol der liegenden 8, um in der Kraft deiner Unendlichkeit zu schwingen.
- Lerne dein Wurzelchakra kennen und Antriebslosigkeit von Erdung zu unterscheiden.
- Musik, Dekoration, Einrichtung, Fotografie und andere kreative Tätigkeiten: Woran hast du in welchen Lebensbereichen Freude?

Ätherische Öle und ihre Affirmationen zur Unterstützung der 8

Majoran: »Ich öffne mich für neue Begegnungen und Verbindungen.«

Zypresse: »Ich entspanne mich in meine höhere Führung hinein und genieße den Fluss des Lebens.«

Mandarine: »Mich kreativ zu betätigen, bringt mir Freude und Entspannung.«

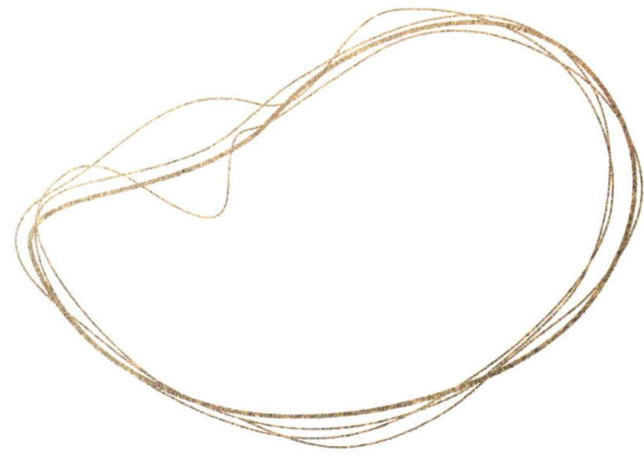

9

Grundschöpfungskraft

Ich bin eine ausdrucksstarke Yang-Energie und stehe für Leichtigkeit und Weisheit. Ich liebe es, wenn du durch mich deinen Forscher- und Entdeckergeist erkennst. Wenn du mich in deinem Geburtsdatum trägst, verleihe ich dir Schnelligkeit, Wendigkeit und Flexibilität.

Ich schenke dir das Potenzial, dich in alle möglichen Richtungen zu entfalten.
Wenn du meine Energie durch dich lebendig werden lässt, kannst du als Mensch spielerisch und mit offenem Herzen durchs Leben gehen und dich mit deiner höheren Weisheit verbinden.

Lichtvolles

Wissensdurst, Unabhängigkeit, Leichtigkeit, Verspieltheit, Tüftler- und Entdeckerdrang, Herzöffnung, Potenzial für Diplomatie, Lehrendes und Verkauf, Freude am Reisen und an Flexiblem und Spontanem

Schattenseiten

Unruhegefühle, Oberflächlichkeiten, Hektik, Stress, nervliche Belastungen, übertriebenes Verhalten

Farbe

Grün

Zuordnungen

- Yang-Kraft
- Gegenpol: 4
- Planet: Merkur
- Element: Feuer
- Zahl der Weisheit und Herzöffnung
- Gesundheit: Nervensystem, Herzmuskeln, Kondition, Ausdauer, Fitness

Chakra

Herzchakra

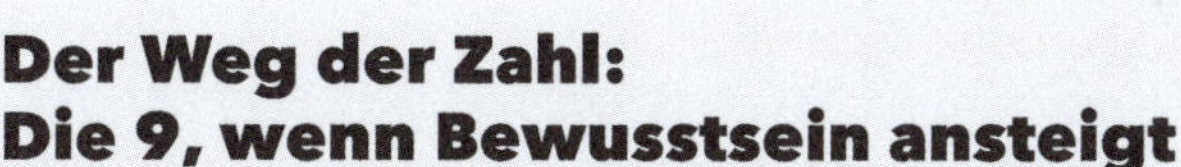

Der Weg der Zahl: Die 9, wenn Bewusstsein ansteigt

Die Trägerinnen und Träger der 9 kennen die Leichtigkeit des Seins ebenso gut wie innere Unruhe. Sie dürfen im irdischen Dasein Lockeres und Kommunikatives fördern. Die Kraft der 9 wirkt rahmenlos und ungebunden. Im Außen manifestiert sich das oft als Liebe zum Reisen und einem Hang zu Spontaneität und Unverbindlichkeit. Die sanguinische Art der 9 ist ebenso ausgeprägt wie ihr Drang, sich Wissen anzueignen und es weiter zu vermitteln. Sie ist die Zahl des Intellekts (»neunmalklug«). Steigt Bewusstsein an, wird ihr Wissensdurst mehr und mehr vom Streben nach höherer Weisheit und dem Begreifen spiritueller Zusammenhänge abgelöst. Im Leben können viele Impulse auftauchen, sich von der Illusion der Abhängigkeit (von etwas oder jemandem) zu lösen und sich unbeschränkt auszudehnen. Innere und äußere Freiheit halten dann Einzug ins Leben. Mit offenem Herzen durch die Welt zu gehen, ist ebenfalls etwas, wodurch sich die Kraft der 9 in hoher Schwingung auszeichnet. Die Symbolzahl der Weisen und der Eremiten beeindruckt durch Großzügigkeit und Herzlichkeit, ist Friedensstifterin und kann »geistiges Gold« hervorbringen.

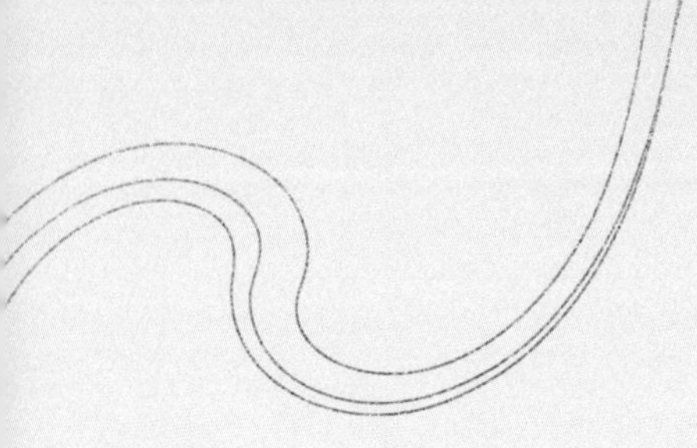

Pure Verkörperung: Der Energieanteil der 9 im Menschen

Um zu verstehen, wie die 9 durch einen Menschen wirken kann, lass uns annehmen, eine einzige Zahlenkraft könnte seine Energie definieren. Ein Mensch, der die Zahl 9 pur verkörpert, hat eine luftig-leichte Energie, ähnlich der eines Schmetterlings: Er kann verspielt durchs Leben fliegen, darf jedoch auch darauf achten, nicht flatterhaft zu werden. Er vermag es, sich viel Wissen anzueignen, zum Beispiel über neue Möglichkeiten, Techniken, Sprachen oder Kulturen. Ihm ist bewusst, dass er es nicht nur *liebt*, Erfahrungen und Erlerntes in die Praxis umzusetzen und anderen weiterzugeben – er hat auch ein ausgesprochenes Talent dafür! Geschickt und lebendig kommuniziert und vermittelt er – im Verkauf und für Dienstleistungen oder auch im diplomatischen Sinne. Er fühlt sich dazu hingezogen, Frieden zu stiften und seine Verbindung zu den geistigen und feinstofflichen Welten zu stärken. Unabhängig, frei und flexibel geht er durchs Leben, liebt es zu reisen und eigenständig zu sein. Er weiß um die Kraft seines weiten Herzens und übt sich darin, es mehr und mehr zu öffnen. Seine hohe Beobachtungsgabe und die Feinheit seiner (Über-)Sinne helfen ihm, sich mit höheren Dimensionen zu verbinden.

So entwickelst du ihr Potenzial

- Übe dich in der Wissensvermittlung und entwickle eine resiliente Haltung.
- Lass innere Unruhe, Flatterhaftigkeit und Hektik nicht zu deinem Normalzustand werden, sondern lerne, dein Nervensystem zu beruhigen.
- Sorge körperlich für eine gute Kondition, Ausdauer und Fitness (auch zur Stärkung der Herzmuskeln und für einen geschmeidigen Rücken), um nervlichen Überreizungen vorzubeugen.
- Lerne dein Herzchakra kennen und entdecke seine Kraft.
- Transzendiere Tendenzen von fixierten Glaubensmustern, Oberflächlichkeit, Geltungsbedürfnis und übertriebener Abgrenzung.

Ätherische Öle zur Unterstützung der 9

Ylang-Ylang: »Ich verbinde mich mit meinem inneren Kind und gewinne meine Verspieltheit zurück.«

Limette: »Mein Herz leitet mich weise zu immer größerer Freiheit und Leichtigkeit.«

Rose: »Mein Herz ist die Quelle meiner Seele. Ich öffne es. Ich bin pure Liebe.«

Schwingungstabelle

Auf der folgenden Doppelseite findest du eine Übersicht der unterschiedlichen Frequenzstufen der 10 Grundschöpfungskräfte.
Die Bandbreite von Schwingung ist in Wahrheit riesig. Um sie dir leicht verständlich und gut nutzbar zu machen, habe ich sie in niedrigere und höhere Schwingung unterteilt. Die Tabelle beschränkt sich außerdem auf die lichtvollen Seiten der Zahlenkräfte.
Die Tabelle der Schwingungsgrade ist unglaublich wertvoll, um dich tiefer zu begreifen. Schlage die einzelnen Ziffern deines Geburtsdatums nach (ohne Jahrhundertzahl) und lerne alle Facetten ihrer Kraft kennen. Du kannst die Übersicht später auch für alle anderen Zahlen nutzen, die du im Workbook errechnest.

Du wirst verstehen, wie die Zahlenkräfte in höheren Dimensionen wirken und worin sie dich unterstützen. Vielleicht zeigen sie dir auch neue Erkenntnisse auf.
Du kannst durch diese Grafik auch erkennen, wie es möglich ist und dass es möglich ist, deine eigene Schwingung in absoluter Leichtigkeit zu erhöhen – indem du entscheidest, worauf du dich ausrichtest.

Die Tabelle der Schwingungsgrade ist kein Teil der ursprünglichen Lehre. Ich habe sie in meiner Arbeit mit der Ganzheitlichen Numerologie für meine Schüler und Schülerinnen kreiert, weil sie uns auf besonders wertvolle Weise hilft, den aktuellen Bewusstseinsanstieg der Erde zu begleiten. Indem du nämlich lernst, wie du deine gewählten Aufgaben im Leben hochschwingend verkörperst, gehst du deinen Weg freier, erfüllter und lichtvoller – und durch dein Vorausgehen auch viele, die dir folgen werden.

Mit Bewusstsein über die hohe Schwingung deiner Zahlenkräfte kannst du:

- dich mit deinem höheren Selbst verbinden,
- einen leichten und individuellen Zugang zu den feinstofflichen Welten erkennen und
- deine selbst gewählten Aufgaben aus höherer Sicht fühlen und leben.

Nutze die folgende Tabelle auch, um dir bewusst zu machen:

- wo und wann du deine Zahlen noch niedrigschwingend lebst und eine höhere Schwingung dir viel Leichtigkeit bringen könnte,
- über welche höheren Frequenzen deiner Kräfte du besonders gern mehr erfahren möchtest und
- welche niedrigere Schwingung dir in welchen Lebensbereichen dienlich ist.

LOWER VIBES

0	Transformation, Überraschungen, Mütterlichkeit, Fürsorge, Umstellungen, Kreislauf, Geheimnisse
1	Persönlichkeitsentwicklung, Humor, Individualität, Gründung, Willensstärke, Freiheit, Eigenständigkeit
2	Vertieftes Denken, Analytisches, Unterscheiden und Abwägen, Polarität, Gemüt, Soziales, Mitgefühl
3	Wille, Antrieb, Dynamik, Entwicklung, Rationales, Aufbau von Neuem, Pionierbetontes, Entschlossenheit
4	Erkennen und Lösen von Problemen, Struktur, Verlässlichkeit, Tiefe, Beharrlichkeit, Verbindlichkeit
5	Glücks- und Erfolgsstreben, Bodenständiges, Vorbild sein, Führung, Ordnung, Souveränität, Gerechtigkeit
6	Körperbewusstsein, Leidenschaft, Kraft, Herzblut, Engagement, Persönlichkeitsentwicklung, Tatkraft
7	Stolz, Optimismus, Führungsstärke, Sinn für Reales, Praxisbezug, Natursinn, Zyklen, Rhythmus, Charisma
8	Schönes, Ästhetisches, Kreativität, Vergnügen, Genuss, Sanftheit, Harmonie, Handwerkliches
9	Flexibilität, Unverbindlichkeit, Lebendigkeit, Verkauf, Präsentation, Forschendes, Diplomatie, Kommunikation

HIGHER VIBES

0	Mediales, feinstoffliche Zusammenhänge, innere Welten, Nichts, Stille, Unvorstellbares, Transzendenz
1	Feinstoffliches, Geistkraft, Selbstentfaltung, innere Freiheit, Spiel des Lebens, Inspiration, Kreation
2	Spiritualität, Intuition, Medialität, innere Bilder, seelischer Ausdruck, Empfänglichkeit
3	Expansion, Entwicklung, freier Wille, Übertreten von Räumen, Lebendigkeit, Impulse voranzuschreiten
4	Höhere Ordnung, Vollständigkeit, Reife durch Erfahrung, Vertiefung, Emotionales, Klarheit, Fokus
5	Irdische Ausdehnung, Fülle, glückliche Mitte, energetischer Einfluss, Gemeinschaft, Reifeprozesse
6	Arbeiten mit Energien, Energieaustausch, Impulsen folgen, Verbindung mit dem höheren Selbst
7	Würde, Naturzyklen, Ausdehnung und Aufstieg über das Irdische, Lebensfreude, Erdverbindung
8	Frieden, Geborgenheit, Empfänglichkeit, Sinnlichkeit, Unendlichkeit, Träume
9	Unabhängigkeit, Ausdehnung, Bewusstsein über den Mentalkörper, Feinheit der Sinne, Herzöffnung

BEISPIELE FÜR SCHWINGUNGEN

Um dir zu verdeutlichen, wie du die Schwingungsgrade deiner Geburtszahlen nutzbar machst, habe ich dir Beispiele für alle 10 Grundkräfte erstellt. Sie beschreiben jeweils Teilaspekte der Zahlenkraft in zwei Schwingungsgraden.

0

Meine Gabe, zu überraschen und zu wandeln, nutze ich im Außen, indem ich kluge Veränderungen in Leichtigkeit vollziehe (= niedrigere Schwingung). Gleichermaßen ist mir bewusst, dass es in Wahrheit meine Innenwelt und mein Bewusstsein sind, die im Laufe meines Lebens Transformation erfahren wollen (= höhere Schwingung).

1

Während ich im menschlichen Dasein viele Ideen habe, die ich umsetzen will (= niedrigere Schwingung), begreife ich im höheren Sinne, dass ich einen starken Zugang zu den feinstofflichen Inspirationsquellen habe und sie jederzeit anzapfen kann, ohne mir den Kopf zu zerbrechen (= höhere Schwingung).

2 Meine Verstandeskraft und die Fähigkeit, zu bewerten, nutze ich für Tätigkeiten wie Analysen und Berechnungen (= niedrigere Schwingung). Gleichermaßen weiß ich, dass es nicht meinem höchsten Seelenausdruck entspricht, zu (be) werten. Für Entscheidungen nutze ich deshalb weniger Bewertungen, sondern vielmehr meine Intuition (= höhere Schwingung).

3 Rationale Herangehensweisen und mein starker Wille können mir dienlich sein, um typisch irdische Projekte voranzubringen, sind aber auch mit mehr Kraftaufwand verbunden (= niedrigere Schwingung). Spirituelles Wachstum und das Entdecken neuer Bewusstseinsräume hingegen sind völlig frei von menschlichem Wollen und Druck, sie eröffnen mir leichtere Wege (= höhere Schwingung).

4 Während ich im menschlichen Dasein präzise Vorgehensweisen, Ordnung und klare Strukturen liebe (= niedrigere Schwingung), begreife ich im höheren Sinne, dass mir vor allem der Fokus auf Klarheit (= höhere Schwingung) hilft, um Lösungen für alle Herausforderungen in mein Leben einzuladen.

5 Ich möchte ein solides Fundament aufbauen und ein Leben im Wohlstand genießen (= niedrigere Schwingung). Gleichermaßen ist mir bewusst, dass wahre Fülle (= höhere Schwingung) nichts mit Besitz zu tun hat, sondern meiner Natürlichkeit entspricht. In diesem Bewusstsein erschaffe ich mir ein erfülltes Leben, wohlwissend, dass immer im Überfluss für mich gesorgt ist.

6 Ich liebe es, meine Projekte mit viel Energie und Begeisterung anzugehen (= niedrigere Schwingung)! Gleichermaßen ist mir bewusst, dass ich eine Gabe besitze, Energie nicht nur körperlich auszudrücken, indem ich die Dinge anpacke. Ich darf auch lernen, feinstoffliche Energien wahrzunehmen und mit ihnen zu arbeiten (= höhere Schwingung).

7 Während ich es im menschlichen Dasein liebe, Zeit in der Natur zu verbringen und Abenteuer zu erleben (= niedrigere Schwingung), weiß ich im höheren Sinne, dass ich hier bin, um die Natur meines Wesens wiederzuentdecken und dadurch zu höchster Lebensfreude zu gelangen (= höhere Schwingung). Die Natur erinnert mich daran.

8

Meine Gabe, das Leben in vollen Zügen zu genießen, nutze ich, indem ich die Vorzüge des Menschseins mit allen Sinnen erfahre (= niedrigere Schwingung). Gleichermaßen ist mir bewusst, dass wahrer Genuss für mich das geborgene Gefühl ist, Harmonie zu erschaffen und in der Unendlichkeit eingebettet zu sein (= höhere Schwingung).

9

Ich liebe es, in fremde Länder zu reisen, neue Kulturen kennenzulernen und Wissen aufzusaugen (= niedrigere Schwingung). Mir ist bewusst, dass das nur einige von vielen Arten ist, auf die sich mein Wille nach Unabhängigkeit (= höhere Schwingung) ausdrückt und ich im höheren Sinne danach strebe, mit offenem Herzen in die Welt zu treten.

Wirkstarke Aspekte in Geburtsdaten

Treffen innerhalb eines Geburtsdatums bestimmte Verbindungen aus zwei oder drei Zahlenkräften aufeinander, handelt es sich um Polaritäten oder Dreiecke.
Diese Verbindungen sind sehr wirkstark und schenken ihrem Träger weitere spannende Energieaspekte.
Auf den folgenden Seiten kannst du herausfinden, ob auch du sie im Datum trägst, und was du durch sie über dich erfahren kannst.

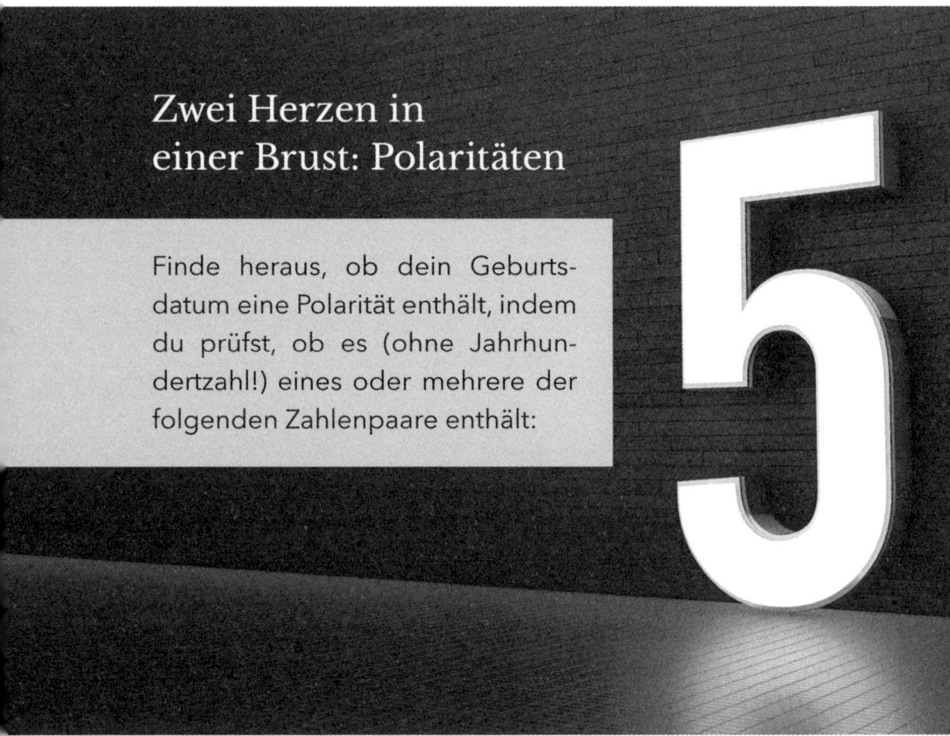

Zwei Herzen in einer Brust: Polaritäten

Finde heraus, ob dein Geburtsdatum eine Polarität enthält, indem du prüfst, ob es (ohne Jahrhundertzahl!) eines oder mehrere der folgenden Zahlenpaare enthält:

Pole 0 und 5
Beispiel: 10.7.85

Pole 1 und 6
Beispiel: 6.4.71

Pole 2 und 7
Beispiel: 27.8.99

Pole 3 und 8
Beispiel: 13.5.83

Pole 4 und 9
Beispiel: 19.3.04

Beispiele für mehrere Polaritäten:
27.4.89, 15.6.60, 7.12.83

Polaritäten sind …

… zwei Zahlenkräfte, die – wenn sie innerhalb eines Geburtsdatums aufeinandertreffen – im ersten Moment wie Gegensatzpaare erscheinen.

… zwei Energien, die thematisch völlig unterschiedlich (polar) erscheinen, sich in Wahrheit aber perfekt ergänzen.

… Potenziale, die von ihrem Träger erkannt und entwickelt werden möchten.

… Gradmesser für die innere und äußere Balance ihrer Träger.

… eine ständige Erinnerung, dass Polarisieren, Bewerten und Beurteilen auf allen Ebenen in die Blockade führen.

… besonders wirkstark, wenn sie in der Tageszahl (16 oder 27) vorkommen, auf die Grundzahl (Lebenszahl) 6 treffen und/oder innerhalb des Geburtsdatums weitere unruhige Zahlenkräfte wie 0, 3 oder 6 hinzukommen.

… oft lebensverändernd für den Träger, wenn er bewusst mit ihnen umzugehen lernt.

Vom Potenzial aller fünf Polaritäten

Es gibt jeweils einen aktiven und einen passiven Pol (siehe Übersicht auf den folgenden Seiten). Meist wird der passive unbewusst intensiver gelebt, wodurch Energieblockaden entstehen, die sich anfühlen, als wäre es:

- schwierig, Entscheidungen zu treffen,
- unmöglich, die nächsten Schritte aktiv anzugehen, obwohl sie in der Theorie klar erscheinen und
- besser, sich zurückzuhalten, als sich auf unbekanntes Terrain zu wagen.

Die intensive Wahrnehmung dieser Blockaden ist den Trägerinnen und Trägern von Polaritäten meist sehr vertraut. Der Schlüssel liegt darin, die Wirkweise ihrer individuellen Polarität(en) zu verstehen.
Jede Polarität ist in Wahrheit ein großes, oft ungenutztes Potenzial. Sie bildet energetisch die Vollkommenheit unseres Universums ab, indem sie die Energien von Pol und Gegenpol vereint. Wird beiden Polen im Leben Raum gegeben,

- ist es möglich, bewusst auf die ganze Bandbreite zwischen den beiden Kräften zuzugreifen und dadurch sehr vielseitige Talente freizusetzen,
- wird aus der ziellosen Bewertung der Umstände ein waches Beobachten und Erleben und
- entwickelt diese spezielle Energie eine Art energetischen Motor, der das innere und äußere Wachstum massiv beschleunigen kann.

Deine Polarität: eines deiner größten Potenziale, das vom »Entweder-oder« ins »Sowohl-als-auch« geführt werden will.

Polarität 5-0
Die Fülle-und-Flow-Achse

Bewahren vs. Wandeln

- Passiver Pol: 5 Aktiver Pol: 0
- Lerne, vor allem auf geistiger Ebene zu wandeln und eher sekundär auf materieller.
- Balanciere Materielles und Immaterielles.
- Übe dich darin, loszulassen, und finde immer wieder in deinen natürlichen Flow.
- Das Lösen der Polarität aktiviert das Bewusstsein über wahre Fülle und Erfüllung auf allen Ebenen.

Polarität 1-6
Die kosmische Hauptverbindungsachse

Geistkraft vs. Erdkraft

- Passiver Pol: 1 Aktiver Pol: 6
- Lerne, loszulassen und zu vergeben.
- Finde die Balance zwischen geistiger Entwicklung und irdisch-körperlichen Genüssen.
- Viele weltliche Erfolge sind möglich, aber sie sollten zusammen mit dem Geistigen angestrebt werden.
- Das Lösen der Polarität aktiviert viel Menschenliebe und Begeisterung.

Polarität 2-7
Die Heiler- oder Therapeutenachse

Sein vs. Tun

- Passiver Pol: 2 Aktiver Pol: 7
- Achte auf deine ganzheitliche Gesundheit.
- Balanciere Theorie/Innenleben und Praxis/Tatkraft.
- Das Lösen der Polarität aktiviert Heilerfähigkeiten und ein gesundes Verdauungs- und Kreislaufsystem.

Polarität 3-8
Die Yin-Yang-Achse

Männlich vs. Weiblich

- Passiver Pol: 8 Aktiver Pol: 3
- Lerne, deine männlichen und weiblichen Anteile zu pendeln, sie zu fühlen und zu begreifen.
- Finde heraus, wie sich dein Wunsch nach vielen sozialen Kontakten in dein Leben integrieren lässt.
- Das Lösen der Polarität aktiviert den hohen Sinn für bedingungslose Liebe.

Polarität 4-9
Die Erkenntnis-und-Lösungs-Achse

Tiefe vs. Leichtigkeit

- Passiver Pol: 4 Aktiver Pol: 9
- Lerne die Macht der Eigenverantwortung kennen und nimm dein Schicksal selbst in die Hand.
- Setze dich nicht unnötigem Stress aus und reife an großen nervlichen Belastungen.
- Pendle zwischen Verbindlichkeit/Klarheit und Flexibilität/Rahmenlosigkeit.
- Das Lösen der Polarität aktiviert deine wahre Größe, weil du die Macht erkennst, die du als Schöpfer deiner Umstände zur Verfügung hast.

Polaritäten leben: 6 Tipps für deine innere Balance

1. Die ganze Bandbreite eines Polaritätsthemas zu erforschen kann sehr gewinnbringend, erkenntnisreich und bewusstseinsfördernd sein.
2. Das Credo, wenn Polaritäten vorliegen, sollte immer sein: Nicht entweder den einen Pol oder den anderen leben, sondern beide annehmen, integrieren und fördern.
3. Umso besser jede Seite etwa zu gleichen Teilen gelebt wird, desto weniger gibt es innere und äußere Unruhe, Druck und Spannungen.
4. Sorge im Alltag für genug praktischen, handwerklichen, sportlichen Ausgleich. Der passive Pol ist meist der dominante, weshalb jede Form von Aktivität deinem System hilft, die Gegenseite wieder zu spüren. Das wirkt ausgleichend und entspannend.
5. Mit polaren Geburtskonstellationen geht es darum, auch im alltäglichen Leben aus der Wertung und dem Beurteilen (Polarisieren) herauszukommen und darüber hinauszuwachsen.
6. Polaritäten können als wertvoller Gradmesser dienen: Je ausgeglichener der Träger oder die Trägerin ist, desto stärker ist das ein Anzeichen dafür, dass beide Pole gelebt werden.

Dreiecksformen
sind Hinweise auf
ein besonderes
Potenzial, das du
entwickeln darfst.

Verbunden, um Potenzial zu verstärken:

Dreiecke

Diese drei wichtigsten Facts über diese speziellen Aspekte von Geburtsdaten solltest du wissen:

- Eine Dreiecksform liegt vor, wenn drei sich verstärkende Zahlen in einem Geburtsdatum vorkommen (Jahrhundertzahl nicht mit einbezogen, siehe Beispiele und Übersicht).
- Innerhalb einer Dreiecksform verstärken sich die betroffenen Zahlenkräfte gegenseitig.
- Gemeinsam zeigen sie ein besonderes Potenzial an, das im Leben trainiert, herausgebildet und gefördert werden möchte.

Finde auf den folgenden Seiten heraus, ob du eines oder mehrere Dreiecke in deinem Geburtsdatum trägst und was sie bedeuten.

1-2-0

Spirituelles Dreieck

Beispiel: 18.9.20

Das Potenzial für hohe Sensibilität in außersinnlichen Bereichen, Offenheit für mediale Kontakte und hohes Interesse an Spiritualität.

1-3-9

Intellektuelles Dreieck

Beispiel: 13.7.93

Das Potenzial, den menschlichen Intellekt mit höherer Geistkraft zu verbinden und Neuartiges, Pionierbetontes zu fördern.

1-4-8

Künstlerdreieck

Beispiel: 1.4.86

Das Potenzial, vieles in die Gestaltung zu bringen und außergewöhnlich Kreatives und Lösungsorientiertes mit Geistigem zu verbinden.

1-5-7

Erfolgsdreieck

Beispiel: 17.7.95

Das Potenzial, stark zu beeinflussen, zum Wohl anderer zu wirken und die Macht, die uns allen innewohnt, außergewöhnlich weise zu führen.

6-5-7

Fundamentdreieck

Beispiel: 23.7.65

Das Potenzial, ein solides irdisches Fundament (im Sinne von Besitz und Gütern) aufzubauen und es mit höherem Bewusstsein zu den Themen Einfluss, Souveränität und Fülle zu verbinden.

6-4-8

Körperbetontes Dreieck

Beispiel: 28.6.04

Das Potenzial, viel Sinnlichkeit, Genuss und Wohlbehagen mit dem physischen Körper zu erfahren und ein sehr gutes Körperbewusstsein zu entwickeln.

6-3-9

Mentales Kraftdreieck

Beispiel: 6.9.73

Das Potenzial, leidenschaftlich in die Umsetzung zu gehen und mental Erarbeitetes kraftvoll und dynamisch in die Praxis umzusetzen.

6-2-0

Magnetisches Dreieck

Beispiel: 20.6.06

Das Potenzial, eine sensitive Wahrnehmung für körperliche Abläufe und Geistig-Spirituelles zu entwickeln, und stark magnetisch auf andere zu wirken.

Kleines Zahlenlexikon für die Kräfte

Die folgenden Seiten sollen dich dabei unterstützen, zweistellige Zahlen zu interpretieren. Ein vollumfängliches Zahlenlexikon würde ein eigenes Buch füllen – und glaub mir, ich hätte riesige Lust, es eines Tages zu schreiben! Für unsere Zwecke habe ich die Zahlen in Zehnergruppen eingeteilt und mich auf ihren Schwerpunkt – die zweite, wirkstärkere Stelle – konzentriert.

Damit bekommst du ein gutes Gefühl für die Wirkweise der Zahlen.

Die erste Stelle – die Basis der Zahl – kannst du zusätzlich bei den ausführlichen Beschreibungen der Zahlen 0–9 nachschlagen. Beide Energien vereinen sich in jeder zweistelligen Kraft.

Zahlenreihe 0

10, 20, 30, 40, 50, 60, 70, 80 und 90

Diese Kräfte schenken dir Impulse, etwas abzuschließen – für Neuanfänge, Wandlung, Veränderungen, Auflösung, Unendlichkeit, innere Welten, Hingabe, Mütterlichkeit, Soziales und Fürsorge – mit Blick auf die vordere Ziffer als Basisenergie, die von der Kraft der 0 eingefärbt wird.

Zahlenreihe 1

11, 21, 31, 41, 51, 61, 71, 81 und 91

Diese Kräfte schenken dir Impulse für Initiationen, neue Ideen, persönliche Entwicklung, Individuelles/Eigenes, für Originalität, Humor und im höheren Sinne für das Geistige, Spirituelle und Inspiration. Die 1 wirkt jeweils auf die davorstehende Ziffer ein – schlage diese gern bei den Grundzahlen oder in der Schwingungstabelle nach.

Zahlenreihe 2

12, 22, 32, 42, 52, 62, 72, 82 und 92

Diese Kräfte schenken dir Impulse für deine Vorstellungskraft, genaue Betrachtungsweisen, Aufnahmefähigkeit, Einfühlsamkeit, Sanftheit, Soziales, Weibliches, Anpassendes und im höheren Sinne für deine Intuition und hohes Bewusstsein – mit Blick auf die vordere Ziffer.

Zahlenreihe 3

13, 23, 33, 43, 53, 63, 73, 83 und 93

Diese Kräfte schenken dir Impulse für Expansion, Entwicklung und Dynamik, dafür, aktiv zu werden, für Lebendigkeit, Ausdehnung, alles Tüftelnde, Forschende, Entwickelnde, deine Willenskraft und Freiheitsliebe – mit Blick auf die vordere Ziffer.

Zahlenreihe 4

14, 24, 34, 44, 54, 64, 74, 84 und 94

Diese Kräfte schenken dir Impulse für Klarheit, Vertiefung, Struktur, Rahmenschaffendes, Konzentration, Erkenntnis, Verbindlichkeit, Ausdauer, Eigenverantwortung und Lösungsorientierung – mit Blick auf die vordere Ziffer.

Zahlenreihe 5

15, 25, 35, 45, 55, 65, 75, 85 und 95

Diese Kräfte schenken dir Impulse für das Bestehende, für Traditionen (das Gute bewahren), alles Materielle, Erfolg und Führungsstärke, Einflussnahme, Ordnung, Rechtsempfinden, für dein Gemüt und im höheren Sinne für Fülle und Überfluss – mit Blick auf die vordere Ziffer.

Zahlenreihe 6

16, 26, 36, 46, 56, 66, 76, 86 und 96

Diese Kräfte schenken dir Impulse für deine Instinkte, dein Körperbewusstsein und deine Kraft, Durchsetzungsvermögen, für praktische Herangehensweisen, alles Direkte, Spontane, Leidenschaftliche, Animierende, Begeisterungsfähigkeit und im höheren Sinne für Energiearbeit und -austausch – mit Blick auf die vordere Ziffer.

Zahlenreihe 7

17, 27, 37, 47, 57, 67, 77, 87 und 97

Diese Kräfte schenken dir Impulse für Lebensfreude, Optimismus, irdischen Aufstieg (des Bewusstseins), Erfolg, gesunden Stolz, für Königliches und Erhabenes, Rhythmus, Zyklen und die Liebe zur Natur – mit Blick auf die vordere Ziffer.

Zahlenreihe 8

18, 28, 38, 48, 58, 68, 78, 88 und 98

Diese Kräfte schenken dir Impulse für Ästhetik, Gestaltung, Kreativität, Schönheit (auf allen Ebenen), Kunst, Musik, Harmonie, Geselligkeit, Vergnügen, Genuss, Sinnlichkeit, Weiblichkeit, Sanftheit, innere Ruhe und im höheren Sinne für Unbegrenztheit und Frieden – mit Blick auf die vordere Ziffer.

Zahlenreihe 9

19, 29, 39, 49, 59, 69, 79, 89 und 99

Diese Kräfte schenken dir Impulse für Leichtigkeit, Flexibilität, Schnelligkeit, Unabhängigkeit, Mentales, Intellektualität, Vermittlung, Kommunikation, Diplomatie und generelle Dienstleistungen, im höheren Sinne für Dienen und Herzöffnung – mit Blick auf die vordere Ziffer.

Polaritäten

16, 27, 38, 49, 50, 61, 72, 83, 94 und 105

Diese Kräfte schenken dir Impulse für Gegensätze, unterschiedliche Welten, generell für die Wahrnehmung von Unterschieden, Dualität, Polarität und die Kunst, die Illusion zu durchschauen und die Pole zu verbinden.

Meisterzahlen

11, 22, 33, 44, 55, 66, 77, 88 und 99

Diese Kräfte schenken dir Impulse für Meisterliches, Spezialisierung, Originalität, Humor, Ideenreichtum und im höheren Sinne für Schöpfung, Kreation, Inspiration und hohe Schwingung. Um eine Meisterzahl noch genauer zu deuten, lies einfach über die Eigenschaften der ihr zugrunde liegenden Zahlenkraft nach (bei der 88 zum Beispiel die 8, im Zahlenteil auf Seite 129).

Sogenannte Engelszahlen 000–999

Sich mehrfach wiederholenden Zahlen sagt man in spirituellen Kreisen nach, auf den sogenannten Engelsfrequenzen zu schwingen.
Der Begriff fasst für viele Menschen hochschwingende, feinstoffliche Wesenheiten mit verschiedenen Rollen zusammen. »Engelszahlen« ist das am meisten gesuchte Schlagwort in Suchmaschinen in Verbindung mit Numerologie. Mir ist – trotz aller Beliebtheit des Begriffs – wichtig, daran zu erinnern, dass wir Menschen äußerst brillante Wesen sind, die höheres Bewusstsein auch ganz wunderbar durch eigenes Streben erlangen können. Ich möchte deshalb nicht den Glauben an Engel, sondern das aktive Nutzen der Energie von dreifach verstärkten Zahlenkräften ins Zentrum dieses Buches rücken.
Dreichfachzahlen treten immer im »göttlichen Timing« (also zum perfekten Zeitpunkt) in Erscheinung. Sobald du eine Kraft wie 555 oder 22:22 wahrnimmst, schlag nicht nur ihre Bedeutung nach, sondern frag dich zunächst: Was habe ich gedacht, kurz bevor mir diese Zahl auffiel? Ihre Bedeutung kann dich als wertvoller Impuls zu genau dem Thema unterstützen, das für dich präsent war, als du die Zahl gesehen hast.

Zahlen möchten dir nicht deine Zukunft vorhersagen. Sie möchten dir vielmehr eine Botschaft für das Hier und Jetzt senden, die du direkt umsetzen und für dich nutzen kannst.

Engel bewerten nicht und besitzen keinen freien Willen (im Gegensatz zu den meisten von uns). Sie handeln nur nach Aufforderung.
Mithilfe von Zahlenkräften schenken sie uns Inspiration, und das tun sie sehr gerne.

Wenn du um 22:22 auf die Uhr schaust, ein Autokennzeichen mit den Zahlen 555 bewusst wahrnimmst oder dir immergleiche Zahlen öfter begegnen, sind nicht selten Engelwesen dafür verantwortlich, dass dir diese Zahlen auffallen.

Entdecke auf den folgenden Seiten, welche Impulse dir die Engelszahlen geben. Fühl hin, welcher Impuls mit dir am meisten in Resonanz geht: Wann wird es dir warm ums Herz, was spricht dich am meisten an oder ist eine Antwort auf eine aktuelle Herausforderung deines Lebens?

»Engelszahlen« und ihre Bedeutung

111

Gibt Impulse, Neues zu starten, Ideen zu gebären, inspiriert zu handeln, in Führung zu gehen und dich mit deinem höheren Selbst zu verbinden.

222

Gibt Impulse, deine Intuition zu nutzen, für Balance und Harmonie zu sorgen, mitfühlend und bewusst zu handeln und dir genug Raum für Rückzug zu nehmen.

333

Gibt Impulse, dynamisch für neues Wachstum zu sorgen, Expansion anzustreben, mehr Freiheit zu gewinnen und dich für neue Bewusstseinsräume zu öffnen.

444

Gibt Impulse, dich für Klarheit zu öffnen, die Dinge an- und auszusprechen, neue Erkenntnisse zu gewinnen, und in die Eigenverantwortung zu gehen.

555

Gibt Impulse, loszulassen, was dir nicht mehr dient, Lichtvolles im Überfluss zuzulassen, dich für wahre Fülle zu öffnen und als Vorbild voranzugehen.

666

Gibt Impulse, dich gut um dich selbst zu kümmern, deinen Impulsen und Körperempfindungen zu vertrauen und dir deine Kraft klug einzuteilen.

777

Gibt Impulse, der Freude zu folgen, die Dinge anzugehen, dich gut zu verwurzeln und gleichermaßen mit deinem höheren Selbst zu verbinden.

888

Gibt Impulse, kreativ zu werden, für ein grenzenlos erfülltes Leben voller Genuss zu sorgen und dich wieder mit deinem inneren Frieden zu verbinden.

999

Gibt Impulse, eine Phase abzuschließen und dich für eine neue zu öffnen, Vermittler zwischen verschiedenen Welten zu sein, anderen zu dienen und dein Wissen zu teilen.

000

Gibt Impulse, Wandel zuzulassen oder zu initiieren, dich mit den geistigen Welten zu verbinden und den Mut zu haben, im Flow zu bleiben, statt zu verharren.

Teil 3

WORKBOOK

Ganzheitliche Numerologie ist eine Station auf dem wichtigsten Ausflug deines Lebens: der Reise zu dir selbst.

Dieses Workbook ist dein praktischer Begleiter, wann immer du deine Zahlen und ihr Zusammenwirken tiefer begreifen möchtest. Es zeigt dir leichte und nachhaltige Wege, bei dir anzukommen, und dein Leuchten in die Welt zu tragen. Erfahre und entfalte dich, indem du die Magie deiner Geburtszahlen entschlüsselst und selbst numerologische Berechnungen anstellst.

Ich wünsche dir viel Freude dabei, dich durch die folgenden Seiten völlig neu kennenzulernen und deine Numerologie durch dich lebendig werden zu lassen!

1
12
10
101
9
90
2
23
Ebene des Mentalen: Intellekt und Weisheit
4
45
6
67
5
56

Kapitel 5

Entschlüssle deinen kosmischen Code

Über die Botschaften, die deine Zahlen für dich bereithalten

Du trägst, wie jeder von uns, alle Grundzahlen von 0–9 in dir – alle Energiequalitäten dieses Universums. Dein Geburtsdatum zeigt dabei die individuellen Schwerpunkte, die du für dieses Leben gewählt hast. Du kannst sie dir wie Erlebnisfelder auf unserem blauen Planeten vorstellen, die du dir in dieser Inkarnation genauer anschauen willst.

Geburtstage können identisch sein und dennoch ist dein Erleben völlig individuell. Der Grund: Du hast noch viele weitere Zahlencodes mitgebracht. Die Uhrzeit, zu der du das Licht der Welt erblickt hast, deine Namen und die Koordinaten des Ortes, an dem du gewählt hast, zu leben. Zudem sorgen die Entscheidungen, die du triffst und vieles mehr für die übrige Portion Einzigartigkeit der Reise, die wir Leben nennen. Dein Geburtsdatum enthält besonders wertvolle Informationen für mehr Leichtigkeit und Klarheit auf deinem Weg. Auf den folgenden Seiten lernst du, sie zu erkennen, indem du sie selbst berechnest und deutest.

Die Wirkweise deines Geburtsdatums

Die drei Hauptkräfte, die durch dich wirken, bilden zusammen das Datum deiner Geburt. Um diese Grundaspekte deiner Energie zu entschlüsseln, betrachten wir zunächst deine Geburtstagszahlen, ohne Berechnungen anzustellen.

Tages-, Monats- und Jahreszahl verraten dir wichtige, selbst gewählte Aufgaben dieser Inkarnation.

Gleichzeitig sind sie ein wertvoller Schlüssel dafür, wie du die Herausforderungen deines Lebens angehen kannst. Jede dieser drei Zahlen wirkt auf unterschiedliche Bereiche deines Lebens und sie wirken unterschiedlich stark. Mach dir immer bewusst: Diese drei Zahlen gut zu verstehen, bildet die Basis der Ganzheitlichen Numerologie. Darauf folgen weitere Aspekte wie Namen, Quersumme und Lebenszahl. Auch sie schenken dir hochinteressante Informationen über deinen Seelenplan, sind aber etwas weniger wirkstark.

Die Ganzheitliche Numerologie basiert auf dem sogenannten Dreiheitsprinzip. Es erklärt, wie wir Menschen Dinge in die Entstehung bringen und unser Außen erschaffen: Alles beginnt mit dem göttlichen Impuls, der Inspiration. Die Idee ist geboren und es folgen Gedanken. Diese Abfolge repräsentiert das erste der drei Prinzipien, das sogenannte *Geistprinzip*. Es kommen Gefühle hinzu, die der

Entwicklung noch mehr Kraft verleihen. Auf höherer Ebene agiert die Seele als Vermittlerin zwischen Geist und Körper, deshalb nennen wir diese Abfolge das *Seelenprinzip*. Es folgen Sichtbarwerdung und Manifestation, das nennen wir das *Körperprinzip*. Deine Geburtszahlen wirken im Sinne dieser drei Prinzipien, was dir die folgende Grafik verdeutlicht.

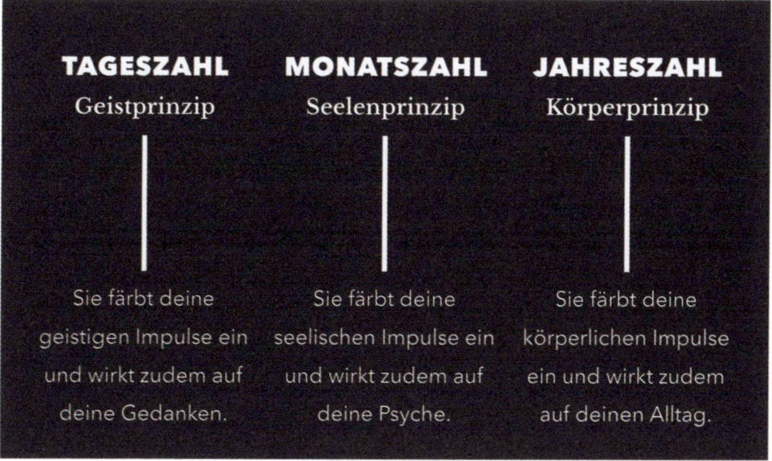

Die Wirkstärke der Zahlen nimmt von links nach rechts ab: Die Tageszahl ist deine stärkste Kraft, auf sie folgt der Monat und wieder etwas weniger wirkstark – dein Jahrgang.

Deine Tageszahl

Während viele glauben, die Lebenszahl sei ihre stärkste Kraft, ist es in Wahrheit die Tageszahl, denn sie repräsentiert die Geistkraft – die am stärksten auf uns wirkende Energie. Betrachte die Tageszahl daher gern als deinen Nordstern, nach dem du dich im Alltag immer wieder ausrichtest. Sie zeigt deine wesentliche Richtung an.

Um es dir leichter zu machen, deine Tageszahl durch dich lebendig werden zu lassen, gebe ich dir im Abschnitt »Affirmationen für deine stärkste Kraft«, ab Seite 219, Affirmationen für jede Ziffer von 0–9 mit. Je nach Tageszahl hast du also ein bis zwei Affirmationen, mit denen du intensiv arbeiten kannst, um deine stärkste Kraft bewusst zu fühlen.

Deine Monatszahl

Wenn du die Kraft deiner Monatszahl bewusst entwickelst, kannst du innerliche Unruhezustände auflösen und mit ganz neuer Klarheit Einfluss auf deine Gefühlswelt nehmen.
Wenn du das Gefühl hast, die Kraft deiner Monatszahl bisher weniger bewusst zu (er)leben, befindest du dich in bester Gesellschaft – das geht vielen Menschen so und liegt an der Wirkstärke der Tageszahl. Zudem haben wir sowohl unsere Gefühls- als auch unsere Seelenebene über Generationen hinweg unseren Gedanken untergeordnet. Gerade deshalb ist es so spannend, die Energie deiner

Monatszahl bewusst zu entwickeln! Bekommt sie von deiner Tageszahl Unterstützung in Form derselben oder einer ähnlichen Kraft (wenn du beispielsweise an einem 2.2. oder 22.4. geboren bist), wird die Kraft deiner Monatszahl entsprechend selbstverständlicher für dich sein. Beobachte sie in diesem Bewusstseinswandel dennoch genau: Welche ihrer Eigenschaften lebst du schon? Welche gilt es, zu entwickeln? Du wirst spannende Erkenntnisse über dich erlangen und einen wundervollen Zugang zu deiner Seelenebene finden, wenn du deine Monatszahl kennenlernst!

Im Abschnitt »Checkliste für dein Wohlbefinden«, ab Seite 226, findest du eine Checkliste, mit der du herausfinden kannst, welche Anteile ihrer Energie du bereits lebst und welche du entwickeln darfst!

Deine Jahreszahl

Die Energie deiner Jahreszahl repräsentiert das Körperprinzip und wirkt analog auf die manifeste Energie um dich herum: Sie färbt deinen Alltag, deine Arbeit und deine Freizeitgestaltung ein. Zudem wirkt sie auf deinen physischen Körper. Für all diese Bereiche kannst du Rückschlüsse aus ihr ziehen. Nutze hierfür die Grundzahlenkräfte und das kleine Zahlenlexikon, übertrage dann die Eigenschaften der einzelnen Ziffern auf den jeweiligen Lebensbereich beziehungsweise deinen Körper.

Meisterzahlen

Doppelzahlen bezeichnet die Numerologie als Meisterzahlen. In Geburtsdaten können sie als Tageszahl 11 oder 22, Monatszahl 11 oder Jahreszahlen 00–99 vorkommen (00 wäre die Jahreszahl des Geburtsjahres 2000). Meisterzahlen haben eine sehr hohe Frequenz und es erscheint ihren Trägerinnen und Trägern manchmal schwierig, mit ihrem Einfluss umzugehen. Die Betonung liegt auf *erscheint,* denn in Wahrheit stellen Meisterzahlen einfach eine besondere Spezialisierung auf eine Kraft dar, die genauso gefördert und entwickelt werden kann wie jede andere Zahlenverbindung.

Wenn dein Datum eine oder mehrere Meisterzahlen enthält, dürftest du dir auch immer die Energie der Zahl 11 bewusst machen – sie ist die Wegweiserzahl aller Meisterzahlen, denn sie alle bauen auf der 11 auf, weil sie nur durch 11 und sich selbst teilbar sind.

Primzahlen

Primzahlen sind ebenfalls wirkstarke und zudem stark aussendende Energien. Genau wie allen Meisterzahlen die 11 zugrunde liegt, basieren Primzahlen auf der 1, weil sie durch 1 teilbar sind und durch sich selbst, wobei auch diese Rechnung wieder 1 ergibt (17:17 = 1). Du darfst die Kraft der 1 also immer in dein Leben einbeziehen, wenn du

Primzahlen im Geburtsdatum trägst. Übrigens ist numerologisch gesehen auch die 1 eine Primzahl – allein aufgrund ihrer enormen Wirkkraft.
Primzahlen können genau wie Meisterzahlen für ihre Trägerinnen und Träger als anspruchsvollere Aufgaben wahrgenommen werden. Der Grund: Zahlen, die viele Teiler aufweisen, bieten energetisch mehr Spielraum. Es ist leichter, innerhalb ihres Wirkungsfeldes in andere Energien zu flüchten, sie also stärker zu betonen.

Die Tages- oder Monatszahl 12 ist in mehrere Energien zerlegbar, in:

- 1 × 12
- 2 × 6
- 3 × 4

Genau genommen verstecken sich all diese Zahlenkräfte energetisch in der 12.

Primzahlen hingegen fordern einen klaren Fokus auf ihre Aufgaben. Die 13 beispielsweise ist nur durch sich selbst teilbar. Sie trägt damit den Aspekt der 1 in sich, denn 1 × 13 = 13. Als 7. Primzahl wird sie zwar auch von der Energie der 7 beeinflusst, aber diese wohnt ihr nicht inne.

Wir tragen die Zahlen unseres Geburtsdatums wie einen Schatz im Herzen, der von Geburt an darauf wartet, entdeckt zu werden.

Numerologische Berechnungen

Du hast bereits gelernt, dass für deine wirkstärksten Zahlenkräfte keinerlei Berechnung notwendig ist. Ihr Zusammenwirken eröffnet dir aber weitere Aspekte deiner Energie, durch die du neue Details darüber erhältst, wie du mehr Klarheit und Leichtigkeit in deinen Alltag integrieren kannst. Auf den folgenden Seiten lernst du, mithilfe deines Geburtsdatums und deiner Namen weitere Zahlen deiner Numerologie zu berechnen.

Am Ende dieses Abschnitts findest du eine Doppelseite (Seite 214–215) für die wichtigsten Zahlenkräfte, die du personalisieren kannst. Trage deine Geburtstagszahlen und all deine numerologischen Berechnungen ein, und du erhältst eine wundervolle Übersicht über dein Potenzial, die du jederzeit nachschlagen kannst!

Deine Quersumme

Die Quersumme deines Geburtsdatums zeigt dir ein weiteres selbst gewähltes Aufgabenfeld, das du wieder mithilfe des Zahlenteils deuten kannst. Ihre Energie färbt vor allem geistige Impulse ein und wirkt auf deine Gedanken. Wenn zwei Menschen die gleiche Quersumme tragen, nennt man das eine Gleichklangverbindung. Sie können eine gute gemeinsame Wellenlänge entwickeln, vor allem mentaler und geistiger Art.

Die Quersumme hat noch eine weitere Bedeutung: Sie markiert einen wichtigen Übergang zweier Lebensabschnitte, indem sie ein Lebensjahr anzeigt, in dem du höhere Impulse für deine Selbstentwicklung in ganz besonderer Intensität bekommst. Werden diese Impulse erkannt und entsprechend genutzt, können sie für völlig neue Klarheit und Ausrichtung im Leben sorgen. Die Ganzheitliche

Numerologie berechnet – je nach Geburtsdatum und analog zum Dreiheitsprinzip (siehe Abschnitt »Die Wirkweise deines Geburtsdatums« auf Seite 174) – mindestens drei Quersummen. Die erste davon kannst du selbst berechnen, die weiteren entstehen aus komplexeren Zusammenhängen, die den Rahmen dieses Buches sprengen würden. Sobald du in das Lebensalter deiner Quersumme eintrittst – also bei derselben Quersumme zum Beispiel 35 Jahre alt wirst –, endet deine sogenannte Einspielphase. Dieser Begriff steht für die erste Phase deines Lebens, in der wir uns erfahrungsgemäß noch viel ausprobieren und auch oft unbewusst Schattenseiten unserer Kräfte erfahren und erleben – aus dem einzigen Grund, später daran zu wachsen und das Licht zu entdecken! Die Quersumme schließt diesen Teil deines Lebens energetisch ab.

Berechnung

Addiere die einzelnen Ziffern deines gesamten Geburtsdatums, um deine Quersumme zu ermitteln.

Beispiele

6.9.1957
6 + 9 + 1 + 9 + 5 + 7 = 37

20.12.1984
2 + 0 + 1 + 2 + 1 + 9 + 4 + 8 = 27

Trage deine Quersumme nach deiner Berechnung gleich in die Übersicht auf Seite 214 ein.

Platz für deine Berechnungen

Deine Lebenszahl

Die Lebenszahl, die in der Ganzheitlichen Numerologie korrekterweise Grundzahl heißt, ist die Essenz deines Geburtsdatums und entsteht aus der Quersumme. Die Lebenszahl ist eine Art überspannende Kraft in deinem Leben und durchwirkt deinen Weg. Stell dir ein Kind im Sandkasten vor, das mit seiner kleinen Gießkanne sorgfältig den Sand mit Wasser benetzt. Der Sandkasten stellt das Spielfeld deines Lebens dar, die unzähligen Sandkörner deine Erlebnisse und die Flüssigkeit deine Grundzahl: Sie berührt alle Aspekte deiner Erfahrung und sickert dabei durch alle Lebensbereiche. Sie ist weniger wirkstark als deine Geburtstagszahlen in Tag, Monat und Jahr, und dennoch omnipräsent.

Die Lebenszahl beschreibt Merkmale deiner Persönlichkeit und aus höherer Sicht einen Anteil deiner Gaben, also des Lichts, für das du hierhergekommen bist, um die Erde und unsere Menschenfamilie damit zu bereichern. Sie ist laut der Ganzheitlichen Numerologie nicht deine stärkste Energie, weil diese Lehre weit über die Addition der Kräfte hinausgeht.
Wenn zwei Menschen die gleiche Lebenszahl tragen, ist das numerologisch (genau wie bei der Quersumme) eine Gleichklangverbindung. Die beiden können eine gute geistige und mentale Wellenlänge teilen. Sind Lebenszahl *und* Quersumme gleich, ist die Verbindung sogar noch stärker fühlbar.

Berechnung

Addiere die einzelnen Ziffern deines gesamten Geburtsdatums und bilde zunächst die Quersumme, deren einzelne Ziffern du anschließend addierst. Übertrage deine Lebenszahl anschließend in die Übersicht deines Potenzials auf Seite 214.

Beispiele

13.8.1990
1 + 3 + 8 + 1 + 9 + 9 + 0 = 31 = 3 + 1 = Lebenszahl 4

29.6.2019
2 + 9 + 6 + 2 + 0 + 1 + 9 = 29 = 2 + 9 = 11 = 1 + 1 = Lebenszahl 2

27.4.1968
2 + 7 + 4 + 1 + 9 + 6 + 8 = 37 = 3 + 7 = Lebenszahl 10

Beachte dabei, dass die Ganzheitliche Numerologie Lebenszahlen von 2–10 nutzt, weil nur diese als Basis für das erste numerologische Chart des Geistprinzips fungieren können. Dieses Chart lernst du in meinen Readings kennen und nutzen. Mit den Zahlen 1, 11, 22 und 33 ist es nicht möglich, dieses numerologische Bild zu erstellen. Die Lebenszahl 10 wird daher nicht weiteraddiert in 1 + 0, alle Doppelzahlen jedoch schon (11 wird zu 1 + 1 = 2, 22 zu 2 + 2 = 4 und so weiter).

Platz für deine Berechnungen

(Be)Deutung deiner Lebenszahl

Wenn du deine Lebenszahl nachschlägst, achte bitte auf die Formulierung der Texte: Du wirst immer wieder davon lesen, eine bestimmte Art von Persönlichkeit (je nach Lebenszahl) entwickeln zu dürfen. Das bedeutet nicht, dass du dich auf dieser Charakterisierung ausruhen sollst. Die Betonung liegt auf ent-wickeln. Es gilt, zumindest auf einem Bewusstseinsweg, diese Qualitäten zu erkennen, um sie anschließend wie ein Geschenk auszupacken und dahinter zu erkennen, welche höheren Eigenschaften du verkörpern kannst, wenn du Wachstum zulässt. Nutze dazu auch gern die Tabelle der Schwingungsgrade auf Seite 142.

Lebenszahl 2

Du darfst eine harmonieliebende, tiefgründige, einfühlsame Persönlichkeit entwickeln. Der Wunsch, Dinge und Themen von allen Seiten zu betrachten und tief zu gehen, ist für dich ebenso wichtig, wie Sanftheit und ein gutes Verhältnis zu deinen Mitmenschen. Die 2 steht im höheren Sinne für Bewusstsein und eine gute Anbindung zur geistigen Welt.

Lichtvolles

- empathisch
- intuitiv
- harmonieliebend
- tiefgründig
- bewusst
- analysierend

Schattenseiten

- unsicher
- launisch
- zweifelnd
- verkopft
- konfliktscheu
- aufopfernd

Lebenszahl 3

Du darfst eine wirkstarke, lebensfrohe Persönlichkeit entwickeln, die ihren Gefühlen bedingungslos Ausdruck verleiht. Der Wunsch, Dinge voranzubringen, ist für dich ebenso wichtig, wie genügend Freiraum und mentale Stärke. Die 3 steht für großen Entdeckergeist, Freude an Experimenten, Lebendigkeit und Intellekt.

Lichtvolles
- pionierbetont
- tatkräftig
- willensstark
- schnell
- kommunikativ
- unabhängig

Schattenseiten
- ungeduldig
- unüberlegt
- fordernd
- inkonsequent
- eitel
- rücksichtslos

Lebenszahl 4

Du darfst eine vertiefte Persönlichkeit entwickeln, die es liebt, gut organisiert zu sein. Nutze deine Solidität und dein Streben nach Klarheit, um Probleme anzupacken und zu lösen. Deine gut strukturierte Art hilft dir, deine Ziele Stück für Stück in die Realität umzusetzen. Achte darauf, nicht zu verbissen daran zu arbeiten, deine Themen zu lösen.

Lichtvolles
- strukturiert
- aufrichtig
- planvoll
- gerecht
- loyal
- zäh

Schattenseiten
- stur
- unflexibel
- verschlossen
- perfektionistisch
- misstrauisch
- festgefahren

Lebenszahl 5

Du darfst eine souveräne, lebensfrohe Persönlichkeit entwickeln, die ihren Gefühlen bedingungslos Ausdruck verleiht. Gerechtigkeit und Ordnung können für dich wichtig sein. Hinterfrage diese und weitere Denk- und Glaubensmuster regelmäßig, um sie weiterzuentwickeln - mit der Zahl 5 hast du großes Potenzial, ständige Neuordnung zu schaffen und zu wachsen.

Lichtvolles

- bodenständig
- erfolgreich
- verantwortungsvoll
- lebensfroh
- vorbildlich
- ordentlich

Schattenseiten

- konservativ
- materialistisch
- dominant
- einengend
- antriebslos
- rechthaberisch

Lebenszahl 6

Du darfst eine begeisterungsfähige Persönlichkeit entwickeln, die das Leben gern in die Hand nimmt. Deinen feinen Instinkten und Impulsen zu folgen ist für dich ebenso wichtig wie ein gutes Körperbewusstsein zu entwickeln.

Lichtvolles

- aktiv
- familiär
- verantwortungsvoll
- leidenschaftlich
- begeisterungsfähig
- hilfsbereit

Schattenseiten

- ängstlich
- unsicher
- überemotional
- aggressiv
- ausgelaugt
- übertreibend

Lebenszahl 7

Du darfst eine souveräne, eigenständige Persönlichkeit entwickeln, die charismatisch, würdevoll und freiheitsliebend ist. Dein Charisma ist für dich ebenso typisch wie deine Lebensfreude. Du hast einen hohen Selbstwert und strahlst Erhabenheit aus. Weise und vorausgehend darfst du gerne Verantwortung übernehmen.

Lichtvolles
- charismatisch
- optimistisch
- präsent
- praxisorientiert
- aufmerksam
- liebevoll

Schattenseiten
- einengend
- drängend
- dominant
- nüchtern
- rücksichtslos
- beherrscht

Lebenszahl 8

Du darfst eine vertrauensvolle, gesellige Persönlichkeit entwickeln, die ihren Gefühlen Ausdruck verleiht. Die Liebe zu Genuss und Harmonie sind für dich ebenso typisch wie dein Wunsch, das Leben in die Hand zu nehmen. Nutze deine Sinnlichkeit, deine Gabe, das Leben gelassen anzugehen, und deine vielen kreativen Ideen.

Lichtvolles
- friedlich
- kreativ
- entspannt
- individuell
- anpackend
- einfühlsam

Schattenseiten
- bequem
- lasterhaft
- faul
- planlos
- ungeduldig
- labil

Lebenszahl 9

Du besitzt eine extrovertierte Persönlichkeit, die Lebendigkeit liebt. Für genügend Raum für Freiheit und Unabhängigkeit im Leben zu sorgen, kann ebenso wichtig für dich sein, wie neues Wissen aufzusaugen und dieses auch an andere Menschen weiterzugeben.

Lichtvolles

- tolerant
- dynamisch
- freiheitsliebend
- vielseitig
- spielerisch
- locker

Schattenseiten

- unruhig
- hektisch
- oberflächlich
- übertreibend
- eitel
- selbstgerecht

Lebenszahl 10

Du darfst eine wandelbare und fürsorgliche Persönlichkeit entwickeln, die hingebungsvoll ist – für andere, aber auch, wenn es darum geht, dich weiterzuentwickeln. Nutze deine Kraft, um für Wandel und Veränderung zu sorgen – hier und da im Außen, stetig aber in deinem Bewusstsein.

Lichtvolles

- medial begabt
- hingebungsvoll
- im Flow
- transformativ
- selbstbewusst
- fürsorglich

Schattenseiten

- aufgewühlt
- durcheinander
- klammernd
- stur
- ungeduldig
- realitätsfremd

Deine Namen

Hast du dir schon einmal überlegt, warum du aus höherer Sicht überhaupt Namen trägst? Hinter den Buchstaben stehen energetische Informationen, sie sind Teil deines Menschseins und gleichermaßen Anteil der Energie, die du für diese Inkarnation mitgebracht hast.

Hast du dir schon einmal überlegt, wer dir deinen Vornamen gegeben hat? Deine Eltern? Die Hebamme? Oder vielleicht deine Seele, die genau wusste, mit welchem Energiemix sie die Erde betreten möchte? Was, wenn deine Seele den Seelen der scheinbaren Namensgeber nur den entscheidenden Impuls gegeben hat?

Numerologie dient dir als Übersetzungshilfe: Wir übersetzen die Buchstaben in Zahlen und beschreiben anschließend mit Worten die Energie, die du gewählt hast.

Vor- und Zweitnamen

Vor- und Zweitnamen zeigen dir eine deiner individuellen Aufgaben im Leben, die du erkennen und entwickeln darfst.

Nachnamen

Dein Nachname zeigt eine Familienaufgabe, die es für alle zu erfahren und zu lösen gilt, die diesen Namen tragen.

Spitznamen

Dein Kosename zeigt eine Zusatzaufgabe. Magst du deinen Spitznamen oder lehnst du ihn eher ab? Finde über die Numerologie heraus, wie du zu deiner Zusatzaufgabe stehst!

Namenswechsel

Wechselt ein Mensch im Laufe des Lebens einen Namen (bei Nachnamen und Spitznamen kommt das öfter vor, bei Vornamen eher selten, aber es wäre möglich, zum Beispiel auch in Form von Künstlernamen), eröffnet sich ihm ein neu gewähltes Aufgabenfeld. Ein anderes ist damit abgeschlossen. Beobachte einmal, mit welcher Klarheit Menschen ihren Namen behalten, wechseln oder zum Doppelnamen (= Annahme beider Aufgaben) vereinen wollen, beispielsweise bei einer Heirat.

Die folgende Tabelle ermöglicht es dir, Namen selbst zu berechnen. Rechne sie am besten immer mindestens zweimal, um sicherzugehen, dass das Ergebnis korrekt ist. Anschließend kannst du die Bedeutung der einzelnen Ziffern im Zahlenteil 0–9 sowie im kleinen Zahlenlexikon nachschlagen.

A = 1	L = 12	W = 22
B = 2	M = 13	X = 29
C = 3	N = 14	Y = 9
D = 4	O = 15	Z = 22
E = 5	P = 16	SCH = 29
F = 6	Q = 33	CH = 11
G = 7	R = 17	SS / ß = 36
H = 8	S = 18	Ä = 6
I = 9	T = 19	Ö = 20
J = 10	U = 20	Ü = 25
K = 11	V = 21	

Berechnung

Wähle die Buchstaben deines Namens aus und addiere die zugehörigen Zahlen.

Beispiele

Marlene: 13 + 1 + 17 + 12 + 5 + 14 + 5 = 67
Maximilian: 13 + 1 + 29 + 9 + 13 + 9 + 12 + 9 + 1 + 14 = 110

Wenn du einen Doppelnamen trägst, darfst du gern die Zahlenkraft beider Namensteile und zusätzlich deren Addition deuten.

Beispiel

Ann-Sophie
Ann = 1 + 14 + 14 = 29
Sophie = 18 + 15 + 16 + 8 + 9 + 5 = 71
Ann-Sophie = 100

Platz für deine Berechnungen

Denk auch gleich daran, deine Namen auf Seite 215 einzutragen!

Wie du zwei- und dreistellige Zahlen interpretierst, findest du in Kapitel 4, ab Seite 76.

Deine Kommunikationszahl

Diese Zahl ist ein sogenanntes *Seelenfenster,* das bedeutet: Ihre Kraft kann genau wie ein Fenster offen oder verschlossen sein. Setzt du die Energie deiner Kommunikationszahl frei, eröffnest du deiner Seele einen neuen Kanal: Sie findet über dein gesprochenes Wort Ausdruck.

Ist dir schon bewusst, welche Qualität von Sprache zu deiner natürlichen Kommunikationsenergie passt? Weißt du, ob Zuhören eher deiner Natur entspricht oder deine Stärke beispielsweise darin liegt, Gespräche zu leiten und Impulse zu setzen? Deine Kommunikationszahl verrät es dir!

Berechnung

Addiere Tages- und Monatszahl deines Geburtsdatums als absolute Zahlen.

Beispiele

30.8.2020 = 30 + 8 = 38
1.5.2002 = 1 + 5 = 6
17.8.1975 = 17 + 8 = 25

Platz für deine Berechnungen

Bedeutung deiner Kommunikationszahl

Schau bei den Ziffern deiner Kommunikationszahl nach, welche Qualitäten sie dir für Gespräche schenken. Markiere sie, um jederzeit schnell nachschlagen zu können. Trage deine Kommunikationszahl anschließend auf Seite 215 ein.

0

Hingabe, Einfühlungsvermögen, Themenwechsel, Überraschungen, Wendigkeit

1

Humor, Führungsstärke, Pionierbetontes, Ideenreichtum

2

Empathie, gut zuhören können, Feinfühligkeit, Aufnahmefähigkeit, Tiefe

3

Direktheit, Willensstärke, Durchsetzungsfähigkeit, Weiterentwicklung von Themen

4

Klarheit, Tiefe, Lösungsorientierung, Ausdauer, Erkenntnisreichtum

5

Zugänglichkeit, Vorbildfunktion, Führungsstärke, Fokus auf Fülle, Struktur

6

Spontaneität, Intensität, Impulsivität, Begeisterung, Leidenschaft

7

Optimismus, gesunder Stolz, Erhabenheit, Führungsstärke, Charisma

8

Ruhe, Besonnenheit, Achtsamkeit, Geselligkeit, Aufnahmefähigkeit, Kreativität

9

Flexibilität, Leichtigkeit, Spontaneität, Wissensvermittlung, Schnelligkeit

Deine Auftretenszahl

Die Auftretenszahl ist genau wie die Kommunikationszahl ein Seelenfenster. Sie beschreibt deine natürliche Körpersprache und setzt sich aus deinen Gefühlen (Monatszahl) und den körperlichen Anteilen deiner Hauptzahlenkräfte (Jahreszahl) zusammen. Nutze ihre Kraft, indem du dich fragst: Fühle ich in meinem Körper schon ihre Energie? Fühle ich mich wohl und sicher in mir, wenn ich einen Raum betrete? Welche Anteile verkörpere ich schon? Oft nehmen uns andere längst in unserer natürlichen Auftretensenergie wahr, wir selbst können durch das Bewusstsein über sie aber noch lernen, uns wirklich wohl in unserem Körper zu fühlen.

Berechnung

Addiere deine Monatszahl mit den beiden letzten Stellen deines Jahrgangs als absolute Zahlen.

Beispiele

20.6.1994 = 6 + 94 = 100
1.5.2002 = 5 + 2 = 7
17.8.1985 = 8 + 85 = 93

Platz für deine Berechnungen

Bedeutung deiner Auftretenszahl

Schau bei den Ziffern deiner Auftretenszahl nach. Sie geben dir Hinweise auf die natürliche Energie, in der du einen Raum betrittst. Markiere ihre Qualitäten gern, um sie jederzeit schnell nachschlagen zu können und trage deine Auftretenszahl anschließend auf Seite 215 ein.

Diese Grundschöpfungskräfte und ihre Qualitäten sind in deiner Auftretenszahl enthalten:

0

fürsorglich, warm, vielseitig, überraschend

1

freudvoll, originell, verspielt, führungsstark, ideenreich

2

vertieft, entspannt, sensitiv, bedächtig

3

dynamisch, vorantreibend, anregend, lebendig

4

klar, vertieft, rahmenschaffend, fokussiert

5

kraftvoll, überzeugend, bodenständig, einflussreich

6

spontan, direkt, kraftvoll, begeisternd

7

charismatisch, freudvoll, würdevoll, überzeugend

8

sanft, freundlich, ruhig, zugänglich

9

dynamisch, flexibel, lebendig, luftig-leicht

Wertvolle Verbindungen zu Mitmenschen

Wie du sie erkennst und berechnest

Du lernst hier zwei einfach zu errechnende Aspekte der Ganzheitlichen Numerologie kennen, die dir ermöglichen, energetische Verbindungen zwischen zwei Menschen zu erkennen. Wir nennen sie *Links* (englisch für »Verknüpfung«). Sie entstehen, wenn die Kommunikations- und/ oder Auftretenszahlen zweier Menschen gewisse Gemeinsamkeiten aufweisen.

Du kannst diese Kommunikations- und Auftretenslinks nutzen, um dich immer wieder daran zu erinnern: Auf dieser Ebene ist mit deinem Gegenüber eine besonders gute gemeinsame Basis vorhanden, die du nutzen kannst.

Mach dir zwei Dinge bei der Betrachtung bewusst: Es gibt noch einige weitere numerologische Aspekte, die es in Beziehungen zu entdecken gibt, die aber einer tieferen Zahlenbetrachtung bedürfen. Ich weise dich darauf hin, damit du nicht unbewusst die Qualität einer Beziehung nach Kommunkations- oder Auftretenslinks bewertest. Zwischenmenschliche Beziehungen sollten ohnehin niemals von numerologischen Berechnungen *abhängig* gemacht werden. Vielmehr sind sie wundervolle Wegweiser, die wir nutzen können, um unsere Beziehungen besser zu verstehen, bewusster zu leben und zu stärken.

Persönliches

Auf dem Bild auf der vorangegangenen Seite siehst du meine Freundin Alena und mich – wir teilen den Kommunikationslink 33 und den Auftretenslink 99. Wir spüren beide deutlich, dass wir in Gesprächen auf einer Wellenlänge sind, den gleichen Humor haben und gemeinsame Unternehmungen und Projekte in Leichtigkeit fließen.

Kommunikationslink

Zwischen zwei Menschen ist eine wertvolle Verbindung auf Kommunikationsebene vorhanden, wenn mindestens einer *oder* beide Tages- und Monatszahl addieren *und* mindestens die hintere Stelle vom Ergebnis gleich ist (kleiner Kommunikationslink) oder sich genau dieselbe Zahl ergibt (direkter Kommunikationslink).

Beispiel für einen direkten Kommunikationslink, wenn *beide* Seiten addieren:
22.11.88 = 22 + 11 = 33
23.10.89 = 23 + 10 = 33
Würde man nur die Tageszahl addieren, wäre lediglich ein kleiner Kommunikationslink erkennbar – deshalb ist es wichtig, immer alle drei Möglichkeiten, die ich in den Beispielen aufführe, zu berechnen.

Beispiel für einen direkten Kommunikationslink, wenn *eine* Seite addiert:
4.9.85 = 4 + 9 = 13
13.8.90 = Tageszahl 13

Beispiel für einen kleinen Kommunikationslink, wenn *beide* Seiten addieren:
22.1.83 = 22 + 1 = 2**3**
6.7.18 = 6 + 7 = 1**3**
Die identische zweite Stelle ist entscheidend für den Link.

Beispiel für einen kleinen Kommunikationslink, wenn *eine* Seite addiert:
21.11.06 = 21 + 11 = 3**2**
12.7.98 = Tageszahl 1**2**

Beispiele, die keinen Link haben:
4.12.02 = 4 + 12 = 16
24.6.98 = 24 + 6 = 30
Hier gibt es keinen Kommunikationslink, denn es muss mindestens einer addieren.

Auftretenslink

Magnetische und körperlich besonders starke Anziehung in Partnerschaften und/oder das Potenzial, gut zusammenzuarbeiten und gemeinsam Projekte anzugehen, ist vorhanden, wenn mindestens einer *oder* beide Monats- und Jahreszahl (die hinteren beiden Stellen) addieren *und* mindestens die hintere Stelle vom Ergebnis gleich ist (kleiner Auftretenslink) oder sich genau dieselbe Zahl ergibt (direkter Auftretenslink).

Beispiel für einen direkten Auftretenslink, wenn *beide* Seiten addieren:
17.7.85 = 7 + 85 = 92
19.4.88 = 4 + 88 = 92

Beispiel für einen direkten Auftretenslink, wenn *eine* Seite addiert:
27.2.86 = 2 + 86 = 88
5.10.88 = Jahreszahl 88

Beispiel für einen kleinen Auftretenslink, wenn *beide* Seiten addieren:
22.1.83 = 1 + 83 = 8**4**
6.6.18 = 6 + 18 = 2**4**
Die identische zweite Stelle ist entscheidend für den Link.

Beispiel für einen kleinen Auftretenslink, wenn *eine* Seite addiert:
17.7.85 = 7 + 85 = 9**2**
2.2.82 = Jahreszahl 8**2**

Beispiele, die keinen Link haben:
1.10.68 = 10 + 68 = **7**8
3.3.71 = 3 + 71 = **7**4
Sie haben keinen Kommunikationslink, denn eine gleiche erste Stelle der Jahreszahl ist dafür nicht ausreichend.

Links berechnen

Auf dieser Doppelseite kannst du üben, Verbindungen zwischen zwei Geburtsdaten zu errechnen.

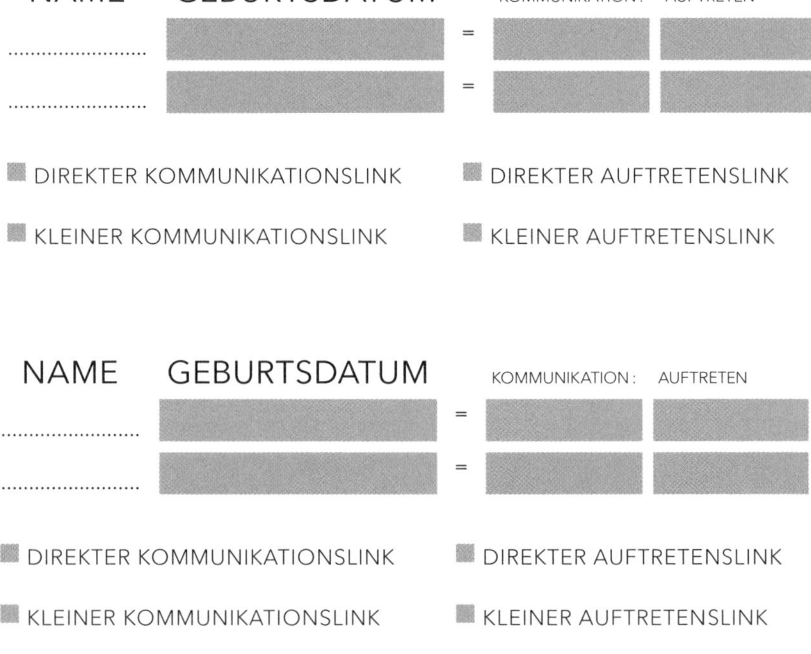

NAME	GEBURTSDATUM		KOMMUNIKATION :	AUFTRETEN
....		=		
....		=		

- DIREKTER KOMMUNIKATIONSLINK
- DIREKTER AUFTRETENSLINK
- KLEINER KOMMUNIKATIONSLINK
- KLEINER AUFTRETENSLINK

NAME	GEBURTSDATUM		KOMMUNIKATION :	AUFTRETEN
....		=		
....		=		

- DIREKTER KOMMUNIKATIONSLINK
- DIREKTER AUFTRETENSLINK
- KLEINER KOMMUNIKATIONSLINK
- KLEINER AUFTRETENSLINK

Spiegelbeziehungen

Eine Spiegelbeziehung besteht, wenn du mit jemandem die Tageszahl teilst. In abgeschwächter Form ist sie auch dann vorhanden, wenn die zweite Stelle eurer Tageszahl identisch ist (zum Beispiel 8.6.99 und 18.6.86). Ihr teilt dadurch eure stärkste Energie, euren Nordstern. Ihr könnt damit euer Gegenüber als energetisches Spiegelbild begreifen und euch fragen: Wie lebt er oder sie die übereinstimmende Zahlenkraft? Was können wir voneinander lernen? Wodurch können wir aneinander wachsen? Weitere übereinstimmende Zahlenkräfte im Geburtsdatum intensivieren die Spiegelbeziehung. Diese Beziehungen sind übrigens nicht automatisch die einfachsten. Oft fühlst du dich vielleicht getriggert, weil dich scheinbare Makel am anderen stören, bis du erkennst, dass es sehr ähnliche Themen sind, die du selbst noch lernen darfst. Gleichermaßen tragen Spiegelbeziehungen ein großes Maß an Chancen und Potenzial für euer individuelles und gemeinsames Wachstum!

Mein Potenzial in Zahlen
– eine persönliche Übersicht

Tag	Monat	Jahr

Diese Aspekte lebe ich bereits lichtvoll:

Aspekte, die ich noch entwickeln will:

Vorname(n)

Nachname

Aspekte meines Geburtsdatums
(Polaritäten, Dreiecke, Meisterzahlen, Primzahlen):

Lebenszahl

Kommunikation

Auftreten

Ich habe einen Kommunikationslink mit:

Ich habe einen Auftretenslink mit:

Ich habe die gleiche Quersumme wie:

Ich habe die gleiche Lebenszahl wie:

Kapitel 6

Verkörpere deine Zahlenkräfte

Praktische Tipps, um deinen kosmischen Code zu leben

Auf den folgenden Seiten zeige ich dir, wie du die Energie deines kosmischen Codes durch dich lebendig werden lässt, und wie du Zahlen alltagstauglich nutzt. Übungen und Raum für Selbstreflexion helfen dir, dein Potenzial wahrzunehmen und zu entscheiden, was deine nächsten Schritte sind, um es weiterzuentwickeln.

Tageszahl

Verkörperung und Affirmationen für deine stärkste Kraft

Verkörpere deine Tageszahl

- Sie ist deine stärkste Kraft, nutze sie im Leben als deinen Nordstern.
- Mach dir dazu bewusst, in welcher Bandbreite du ihre Kraft verkörpern kannst, und lerne ihre Licht- und Schattenseiten kennen.
- Wenn du das Gefühl hast, vor einer Herausforderung zu stehen, frag dich: Wie würde meine Tageszahl jetzt agieren? Welche lichtvollen Qualitäten kann ich durch sie einbringen, um die Situation zu lösen?
- Dich Tag für Tag in unterschiedlichen Situationen nach ihr auszurichten kann sehr hilfreich sein, um Antworten zu finden und Entscheidungen zu treffen.
- Übe dich darin, sie in ihren verschiedenen Schwingungsgraden zu (er)leben.

Affirmationen für deine Tageszahl

Mit Affirmationen nutzt du zwei sehr wirksame Methoden aus dem Mentaltraining und dem NLP (Neuro-Linguistisches Programmieren): die Kraft der Visualisierung und die Kraft des gesprochenen Wortes. Sie können das Gesetz der Anziehung aktivieren und helfen, immer mehr in deiner natürlichen Energie zu schwingen. Sprich die Affirmation jeder Ziffer deiner Tageszahl laut oder innerlich aus.

0 Ich lebe im natürlichen Flow und erlaube mir, Veränderungen anzugehen, wann immer ich die Zeichen sehe. Meine Kraft zu transformieren, ist Teil meiner natürlichen Energie. Ich lebe hingebungsvoll und bin gut verbunden mit der Feinstofflichkeit.

1 Ich lasse mich von höherer Inspiration leiten und nutze meine Initiationskraft. Ich erlaube mir, mir Raum zu nehmen für meine spirituelle Entwicklung und Freiheiten, die konform mit meinen Werten sind.

2 Ich bin liebevoll zu meinem Verstand und erlaube es mir, mein Innen und Außen mit großem Tiefgang meisterlich zu analysieren. Meine Intuition ist mein Wegweiser, feinstoffliche Welten sind mein Zuhause.

3 Ich erkenne die Power der Expansion in mir und lebe mein Leben in kraftvoller Dynamik. Ich weiß, dass ich unbegrenzt bin, öffne mich für die Freiheit meines Wesens und entdecke neue Bewusstseinsräume.

4 Ich liebe meine Tiefgründigkeit ebenso wie meine klare, innere Ordnung. Mein Fokus ist mein Wegweiser, denn Energie folgt der Aufmerksamkeit. Die Kreation von Lösungen und höchste Erkenntnis treiben mich an.

5 Ich nutze meinen Einfluss und mein hohes Füllebewusstsein, um mich über das Irdische auszudehnen. Meinen Gefühlen verleihe ich Ausdruck und ich bin gerne Vorbild, Motivatorin und Anlaufstelle für andere.

6 Mein leidenschaftliches Herz leitet mich. Ich liebe und ehre meinen Körper und kann jederzeit fühlen und ihm geben, was er braucht. Ich erlaube mir, die Dinge engagiert und praxisorientiert anzugehen. Dass ich meiner Lebensfreude Ausdruck verleihe, ist ein Geschenk für die Welt.

7 Mein Strahlen ist ein Geschenk für die Welt, mein Optimismus meine Wahrheit. Die Natur lehrt mich, tief zu fühlen, und ich erkenne in ihr meine Kraft. Ich nehme das Leben in die Hand und trage mein Leuchten in die Welt.

8 Ich erlaube mir, die Schönheiten und Genüsse des Lebens zu entdecken, und liebe die Harmonie im Miteinander. Das Bewusstsein über wahre Geborgenheit und echtes Glück helfen mir, Frieden im Inneren und Außen zu (er)leben.

9 Ich erlaube mir, Leichtigkeit zu verkörpern und mein Herz weit zu öffnen. Meine Spontaneität, meine Schnelligkeit und mein Wissensdurst liebe ich ebenso, wie mein diplomatisches Geschick und meine Kommunikationsfähigkeit.

Probiere die Affirmationen auch für deine Monats- oder Jahreszahlen aus, um dir diese etwas (!) weniger stark wirkenden Energieanteile noch bewusster zu machen.

Monatszahl

Verkörperung und Checkliste für dein Wohlbefinden

Verkörpere deine Monatszahl

- Meist schenken wir der Energie unserer Monatszahl unbewusst weniger Aufmerksamkeit als der Tageszahl. Der Grund: Oft nimmt das Gedankenkarussell (Tageszahl) so sehr überhand, dass wir unsere Gefühle (Monatszahl) hintanstellen.
- Um dein Wohlbefinden wieder mehr in den Vordergrund zu rücken, mach dir deine Monatszahl ganz besonders bewusst.
- Verbinde dich mit ihrer Energie, wenn du dich balancierter und ausgeglichener fühlen willst.
- Frage dich, welche lichtvollen Aspekte ihrer Energie deine Monatszahl jetzt einbringen könnte?
- Nutze ätherische Öle! Sie beeinflussen unser Gefühlszentrum im Gehirn (das limbische System) und stärken deine Aura. Ich selbst nutze ätherische Öle und habe dir zu jeder Zahlenkraft passende empfohlen, die du ausprobieren kannst.

Checkliste für deine Monatszahl

Diese Checkliste kann dir dabei helfen, dein Wohlbefinden zu fördern. Sie gibt dir Impulse für die Wirkung deiner Monatszahl, die deine Gefühlswelt beeinflusst. Hake ab, welche Empfindungen du schon kennst, und finde heraus, welche du noch entwickeln möchtest!

Januar

- ☐ Ich kann meine Gefühle gut sortieren und fühle mich psychisch tendenziell stabil.
- ☐ Ich schwimme gerne gegen den Strom.
- ☐ Mir ist oft danach, mich humorvoll auszudrücken, ich habe gerne Spaß.
- ☐ Manchmal kommt es mir so vor, als sei meine Gefühlswelt eher nüchtern und trocken, aber ich erkenne, wie wertvoll diese Klarheit ist.
- ☐ Richtig wohl fühle ich mich, wenn ich mich frei fühle und meinen eigenen Weg gehe.

Februar

- [ ] Ich wertschätze meine vertiefte Gefühlswelt.
- [ ] Oft spüre ich den Drang in mir, etwas für die Gemeinschaft zu tun.
- [ ] In mich hineinzuspüren ist mir wichtig.
- [ ] Ich liebe es, die feinstofflichen Welten zu erfühlen.
- [ ] Ich achte darauf, mich mit motivierenden, wohltuenden Dingen zu beschäftigen.

März

- [ ] Ich schaffe mir Möglichkeiten, mich frei und unabhängig zu fühlen.
- [ ] Mir ist es wichtig, mich psychisch weiterzuentwickeln.
- [ ] Ich drücke meine Gefühle gerne aus.
- [ ] Meine Gefühlswelt ist sehr lebendig.
- [ ] Mir ist oft danach, mich selbst zu motivieren.

April

- [ ] Ich wertschätze meine Tiefe und Sensibilität.
- [ ] Was meine Gefühle angeht, ist mir Klarheit wichtig.
- [ ] Wenn in mir Gefühlschaos herrscht, strebe ich nach Lösungen.
- [ ] Ich habe gelernt, meine Gefühle auszudrücken, statt sie zu verdrängen.
- [ ] Ich kann sehr ausdauernd sein.

Mai

- [ ] Ich sorge gern für Motivation und Wohlbefinden.
- [ ] Es ist mir wichtig, mir ein erfülltes Leben zu erschaffen.
- [ ] Den inneren Wunsch, zu beeinflussen und zu wirken, kenne ich.
- [ ] Ich habe gelernt, festgefahrene Gefühle loszulassen.
- [ ] Es fühlt sich gut an, als Vorbild vorauszugehen.

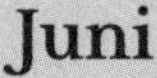

Juni

- Meine Gefühle sind kraftvoll und leidenschaftlich.
- Ich bereite anderen gerne eine Freude.
- Mir ist es wichtig, meine Begeisterung auszudrücken.
- Wenn ich Herzblut in eine Sache stecke, fühle ich mich wohl.
- Ich kenne das Gefühl, spontan und direkt agieren zu wollen.

Juli

- Ich bin gerne gut gelaunt und positiv eingestellt.
- Es fühlt sich gut an, das Beste aus meinem Leben zu machen.
- Meine Gefühlswelt ist geleitet von Optimismus.
- In der Natur und mit Naturwesen fühle ich mich wohl.
- Ich liebe es, mein Leben wirkstark zu beeinflussen.

August

- [ ] Harmonische Situationen sind mir wichtig.
- [ ] Ich bin gesellig und fühle mich unter Menschen wohl.
- [ ] Kreativ zu sein schenkt mir innere Ruhe.
- [ ] Ich bin gerne für andere da.
- [ ] Mein innerer Frieden ist mir wichtig.

September

- [ ] Ich schaffe mir Möglichkeiten, mich frei und unabhängig zu fühlen.
- [ ] Meine Gefühle auszudrücken, ist mir wichtig.
- [ ] Leichtigkeit liegt mir am Herzen.
- [ ] Ich lasse mich in meinen Empfindungen nicht einschränken.
- [ ] Ich wertschätze meine lebendige Gefühlswelt.

Oktober

- [ ] Ich wertschätze meine verträumte Gefühlswelt.
- [ ] Für andere da zu sein fühlt sich gut an.
- [ ] Ich habe gelernt, auch mit innerer Unruhe umzugehen.
- [ ] Der Zugang zu den feinstofflichen Welten entspannt mich.
- [ ] Ich fühle mich wohl, wenn meine Gefühle frei fließen dürfen.

November

- [ ] Meine Gefühlswelt ist voller Inspiration.
- [ ] Ich kann meine Gefühle gut sortieren und fühle mich psychisch tendenziell stabil.
- [ ] Ich schwimme gerne gegen den Strom.
- [ ] Mir ist oft danach, mich humorvoll auszudrücken, ich habe gerne Spaß.
- [ ] Es ist okay, dass ich mich in Sachen Gefühle manchmal etwas zurückhalte.

Dezember

- [ ] Ich wertschätze meine vertiefte Gefühlswelt.
- [ ] Es fühlt sich gut an, für andere da zu sein und mir dennoch Raum für mich zu nehmen.
- [ ] Ich fühle mich wohl, wenn ich mich selbst verwirklichen kann.
- [ ] Ich habe Freude daran, mich mit motivierenden Dingen zu beschäftigen.
- [ ] Ich spüre gerne in mich hinein.

Deine Monatszahl zeigt, welche Schwingungen deine Gefühle in Balance bringen können. Aromatherapie mit hochreinen ätherischen Ölen kann dich dabei unterstützen. Mehr Informationen darüber findest du auf Seite 247.

Verkörpere deine Jahreszahl

- Deine Jahreszahl entspringt dem Körperprinzip und färbt dadurch vor allem die materiellen Aspekte deines Lebens ein: deinen Alltag, aber auch deinen physischen Körper.
- Betrachte die letzten beiden Ziffern dieser vierstelligen Zahl (im Abschnitt »So interpretierst du deinen Jahrgang korrekt«, ab Seite 71, erkläre ich dir, warum du die Jahrhundertzahl weglassen kannst).
- Übertrage ihre Energie ganz bewusst auf deine Freizeitgestaltung und deine Arbeit. Welche Energiequalitäten deiner Jahreszahl lebst du bereits? Welche möchtest du noch integrieren?
- Beziehe ihre Eigenschaften auch auf deinen Körper: Verleihst du deinem Körper schon ihre Energie? Was könntest du tun, um deinen Körper durch deine Jahreszahl noch mehr in seiner Natürlichkeit schwingen zu lassen?

(Er)Finde dich neu in Job und Business

Wie du die Energie deines Geburtsdatums auf deine Arbeit überträgst

Viele von uns streben heute nach mehr Freiheit im Beruf und mehr Vereinbarkeit von Beruf, Familie und Freizeit. Eine wundervolle Entwicklung in diesem Bewusstseinswandel angesichts der Umstände, die wir uns in unserer aktuellen Leistungsgesellschaft erschaffen haben.
Wenn wir unsere Gaben in unsere Arbeit einbringen, wird sie zur Verlängerung unserer Kraft. Leider kennen die wenigsten ihre wahren Gaben – die meisten wissen nur, was sie gut können oder gerne tun.
Es bedarf der Bewusstseinsarbeit, damit wir sie erkennen. Wenn wir unsere Gaben nutzen und wieder lernen, aus dem Herzen heraus zu handeln, können wir anderen mit unserer Arbeit wahrhaftig dienen. Das geistige Gesetz des Gebens besagt, dass dadurch Fülle im Überfluss Einzug hält.
Dass das möglich ist und wie, leben unzählige Lichtarbeiter bereits vor – übrigens durch alle Branchen hinweg, weil dieser Weg absolut unabhängig davon ist, was wir tun. Viel entscheidender ist, *wie* wir uns einbringen und unser Leuchten in die Welt tragen.
Eine Freundin hat einmal zu einer ihrer Schülerinnen gesagt: »Du kannst *immer* einen wertvollen Beitrag leisten, auch wenn du im Supermarkt Regale einräumst! Stell dir einmal vor, wie du bewusst die Schwingung jedes Produkts erhöhen könntest, wenn es über deine Hände an seinen Platz wandert.«

Wenn du präsent und verbunden mit deinem Sein agierst, wird dein Energiefeld erstrahlen, und du wirst jeden Raum und jedes Wesen damit berühren.

Jede Form von Abhängigkeit von außen hält den Menschen klein (Babys und Kinder ausgenommen). Er wird nie erfahren, wie erfüllend sein Wirken für sich selbst und andere sein könnte.
Solange wir uns zudem an Zeit (»So lange muss ich arbeiten«), Raum (»An diesem Ort muss ich arbeiten«) und Materie (»So viel Geld muss ich mit meiner Arbeit verdienen«) binden, haben wir dieses Universum und seine Möglichkeiten nicht begriffen.
Würden Angestellte danach bezahlt, wie lichtvoll, freudvoll und liebevoll sie ihre Gaben in ein Unternehmen einbringen, und würden Selbstständige ausschließlich ihrem reinen Herzen folgen, wäre ein viel höheres Maß an Schöpferkraft und Erfüllt-Sein für alle möglich. Ein erster Schritt ist es, zu überprüfen, wie lichtvoll du deine *Hauptaufgaben,* die Zahlen deines Geburtsdatums, in deine Arbeit einbringst. Wir können aus der Energie der zehn Grundzahlenkräfte 0–9 Tätigkeiten ableiten und sie so allgemein beschreiben, dass du sie auf jeden Job und jedes Business übertragen kannst.
In der folgenden Übersicht kannst du prüfen, welche deiner Energieanteile du im Bereich deiner Arbeit bereits lebst. Fühl hin, was dir Freude machen würde und was du in deinen Berufsalltag integrieren möchtest.
Wenn es dir in deinem Job aktuell noch nicht möglich ist, gewisse Punkte einzubringen, übertrage sie gerne auf deine Freizeit. In welchem Verein, Ehrenamt oder wo innerhalb deines Familien- und Freundeskreises könntest du dein Wirken noch mehr deiner Energie anpassen?

Hole dir wertvolle Impulse deiner Numerologie, indem du bei allen Ziffern deines Geburtsdatums (ausgenommen Jahrhundertzahl) nachschaust.

1

Kopfbetontes, initiative Tätigkeiten, Ideenfindung, Schauspielerei, Arbeit mit den feinstofflichen Welten

2

Kopftätigkeiten, Analysetätigkeiten, therapeutische Tätigkeiten, Soziales und Musisches, Bewusstseinsarbeit

3

Kopftätigkeiten, mentale Herausforderungen, alle entwicklungsbetonten Tätigkeiten

4

Supporter-, Service- und Beratertätigkeiten, die Bereiche Reparatur und Präzisionsarbeit

5

Führende, verantwortende Tätigkeiten, Pädagogisches, Psychologisches und Organisatorisches

Praktische und handwerkliche Tätigkeiten, Körperarbeit, Sportliches

7

Führende und verantwortende Tätigkeiten, Praktisches und Therapeutisches, Bezug zur Natur

8

Künstlerisches, Kreatives, Gestaltendes, Soziales, Genussvolles

9

Repräsentatives, Kommunikatives und Lehrendes, Verkauf, Reisen

0

Kopf- und Geistbetontes, Soziales und Pädagogisches, Bewusstsein und Wandel schaffendes

Persönliches

Zu meinen wichtigsten Tools für meine Arbeit mit der Numerologie zählen meine lemurischen Bergkristalle – passend zu meiner Tageszahl 22 und der Monatszahl 11, die die Arbeit mit Feinstofflichkeit und Bewusstsein lieben. Meine Kristalle verbinden mich mit altem Wissen und schenken mir den Zugang dazu. Ihre Kraft unterstützt mich, die Energien hinter den Zahlen tiefer zu begreifen und an meine Schülerinnen und Schüler weitergeben zu können. Diese außergewöhnlichen Kristalle tragen tiefe Weisheit in sich und begleiten all meine Readings und jede Numerologie-Ausbildung.

Wie du Räume und deine Umgebung mit Zahlen energetisierst

Wie du bereits weißt, sind Zahlen keine rein visuellen Symbole. Du kannst Räumen und Körpern ihre Energie schenken, indem du sie bewusst einsetzt.
Bestimmt kennst du das Heilsymbol der Lebensblume. Menschen auf der ganzen Welt energetisieren mit ihrer Hilfe ihr Trinkwasser, entstören Elektrosmog und laden ihre Räume mit Heilenergie auf (achte bitte darauf, dass die Lebensblume einen Ring trägt, zwei Ringe sind leider weit verbreitet, entziehen dem Heilsymbol aber die Wirkkraft). Ähnlich kannst du mit Zahlen vorgehen – mit dem Unterschied, dass du die ihnen innewohnende Kraft thematisch gezielter einsetzen kannst, weil dir zehn Zahlen zur Auswahl stehen.

131

Ich nehme dich mit in meinen Alltag, um dich zu inspirieren, auch deinen bewusst mit der Kraft der Zahlen zu gestalten:

1. Am Bildschirm meines Rechners hängt ein Foto der 5 – meiner Lebenszahl. Sie steht für Erfolg und Fülle. Kannst du dir vorstellen, wie kraftvoll es ist, diese Energie täglich zu fokussieren?
2. Im Kinderzimmer meiner Jungs hängen ihre Tageszahlen gerahmt an der Wand – sie energetisieren ihren persönlichen Raum im Haus mit ihrer stärksten Energie (= Tag der Geburt).
3. Mein Mann und ich teilen uns die Tageszahl 22 – wir erinnern uns jeden Morgen im Bad an diese uns innewohnende Kraft und unsere Verbindung (was es bedeutet, dieselbe Tageszahl zu haben, erfährst du im Abschnitt »Spiegelbeziehungen« auf Seite 213).
4. Ich besitze mehrere Schmuckstücke mit meinen Geburtstagskräften 22, 11 und 88 – es gibt so viele schöne Designs, die du individuell anfertigen lassen kannst!
5. Die Nummernschilder unserer Autos wählen wir immer bewusst: Wir verwenden die Zahlen, deren Energie wir zum Zeitpunkt des Kaufs stärken wollen. Selbst das »E« als Buchstabe steht für eine Zahl: die 5. Wie du Buchstaben in Zahlen übersetzt, lernst du im Abschnitt »Deine Namen«, ab Seite 193.

6. Unsere Hausnummer 28 ziert unser Haus seit seiner Erbauung 1962 und verleiht unserem Lebensplatz ihren Sinn für intuitives Miteinander, Genuss und Frieden.
7. Wir trinken zu Hause speziell ionisiertes Kangen-Wasser. Ich nehme es gern mit auf Kurztrips und fülle das kostbare Wasser in eine fünf-Liter-Flasche aus Glas, auf der die 7 graviert ist – die Zahl der Vitalität.
8. Mein Business ist die Verlängerung meiner Energie. Ich habe bei der Gründung meiner Firma auf das Datum geachtet, um ihr die Power zu verleihen, die ich mir für diesen Weg wünsche.
9. Im Bewusstsein, dass auch Hochzeiten, Feste und besondere Termine eine Art Gründungsdatum haben und damit dessen Energie in ihnen schwingt, wählen wir sie bewusst aus.
10. Mein Smartphone-Hintergrund trägt meine Geburtstagszahlen 22, 11 und 88, denn alles, wirklich alles ist Energie.
11. Es ist kein Zufall, dass ich hier elf Punkte aufzähle. Auch in diesem Buch wähle ich vieles seiner Zahlenenergie entsprechend aus und bringe so ihre Lichtkraft für dich mit ein!

Lavender
TOUCH
10 ml

Ätherische Öle als Unterstützung

Ätherische Öle sind Naturessenzen, die uns erstaunliche Möglichkeiten schenken. In hoher Reinheit sind sie sehr wirkungsvoll: Durch ihre Schwingung geben sie Informationen in unser Energiefeld, die nicht nur unser Wohlbefinden steigern können, sondern uns auch helfen, unsere Zahlenkräfte zu entwickeln. Ich verwende solche hochreinen Öle seit Jahren in meiner Arbeit und für meine ganze Familie. Sie haben uns einen chemiefreien Haushalt beschert, gleichen die Aura aus und stärken das physische und feinstoffliche Feld.
Das Wundervolle ist, dass sie über das limbische System auch Einfluss auf unsere Gefühlswelt haben.
Viele ätherische Öle tragen Affirmationen, die wir für emotionale Themen nutzen können. So ist es gleich auf mehreren Ebenen möglich, uns mit ätherischen Ölen zu unterstützen, die lichtvolle Zahlenenergie zu entwickeln und unser Potenzial zu leben. Ich habe dir am Ende jeder Zahlenbeschreibung im Abschnitt »Die universellen Grundschöpfungskräfte 0–9«, ab Seite 79, ätherische Öle und ihre Affirmationen angegeben, die sich wunderbar für diese Arbeit eignen.

Ich bitte dich, bei der Verwendung auf hochreine ätherische Öle von guter Qualität (am besten ohne Zusätze) und deren korrekte Anwendung zu achten.

Kapitel 7

Ein neuer Zyklus beginnt

Abschließende Worte

Die 7 steht nicht nur für Vitalität und Lebensfreude, sondern auch für alles Zyklische.

Der Abschluss dieses Buches ist nicht das Ende deiner Zahlenreise, sondern der Beginn einer neuen Phase. Du bist jetzt bereit, deine Energie noch viel lichtvoller in die Welt zu tragen und die Zahlenbotschaften, die dir das Universum sendet, für dein Wirken zu nutzen.

Jetzt ist es an der Zeit, vom Lesen ins Handeln zu kommen. Es ist an der Zeit, nach dem Staunen, Entdecken und Berechnen deiner Zahlenkräfte einen neuen Zyklus zu beginnen. Ich wünsche dir viel Freude damit, Kapitel 8 und viele weitere in den Farben deines Lebens selbst zu schreiben!

Die 8 steht für Unendlichkeit und Frieden.
Mögest du deine weitere Reise unendlich
befreit und erfüllt antreten.
Mögest du durch dein Licht
Frieden auf die Erde bringen.

Von mir, für dich: Zahlenmagie für unterwegs

Abschließend möchte ich dir einen Begleiter für deinen Alltag an die Hand geben: Ein digitales Numerologie-Kartendeck, das du immer nutzen kannst, wenn du nach Klarheit und Ausrichtung suchst. Du findest es hier auf meiner Website unter:

www.janinagruber.de/zahlenmagie

Wann immer du dir Unterstützung wünschst, rufe das Kartendeck auf deinem Smartphone auf und erstelle intuitiv einen Screenshot. So erhältst du zu jeder Zeit eine Botschaft aus der Zahlenwelt!

Dankeschön

… an dich | Danke, dass du dieses Buch gekauft und dich dafür entschieden hast, die Ganzheitliche Numerologie in dein Leben einziehen zu lassen. Danke, dass du dich für Wachstum entschieden hast, und dieser Welt dein Leuchten schenkst.

… an Peter | Danke, dass du mir Tür und Tor geöffnet hast. Du hast dieses Buch durch dein Lebenswerk erst möglich gemacht. Ich finde keine Worte für das, was du mir schenkst, und danke dir von ganzem Herzen, dass du diese Lehre, für die wir brennen und wirken, nun auch durch mich in die Welt trägst. Du bist und warst mein Schlüssel zur Magie der Zahlen – danke für dein Sein.

… an Martin | Du bist mein Zuhause. Du prägst mein Leben wie niemand sonst. Danke, dass du mein Fels in der Brandung bist, mich unterstützt, aufbaust und inspirierst. Danke für dein großes Herz. Danke für deinen Mut auf unserer gemeinsamen Reise und die Weisheit, die du in dir trägst. Danke, dass du mir so grenzenlos vertraust. Ich liebe dich, ich liebe uns.

… an meine Söhne | Eure Stärke und Feinheit prägen mich, euer Lachen berührt meine Seele. Danke, dass ihr meine Spiegel seid, ich bewundere jeden eurer Schritte. Danke für eure übervollen Herzen. Ich kann nur ahnen, welchen Zauber ihr noch in diese Welt bringen werdet. Danke, dass ich eure Mama sein darf.

... an Mama, Papa und Oma | Ich bin angekommen. Auf der Reise, nach der ich mich gesehnt habe, seit ich ein kleines Mädchen war. Ich habe davon geträumt, Sängerin zu werden und schließlich verstanden, dass es immer nur darum ging, meine Stimme zu finden. Danke, dass ihr mir geholfen habt, mein Lied zu singen. Danke für eure Begleitung und jeden Impuls – sie alle haben mich hierhergeführt.

... an meine Wegbegleiter | Danke für eure Liebe, eure Aufrichtigkeit und eure Unterstützung. Danke für jeden Impuls, und dass wir gemeinsam wachsen. Ich wähle meine Menschen sorgfältig aus und bin unendlich dankbar dafür, euch an meiner Seite zu haben.

... an meine Mentorinnen | Danke, dass ich mein Licht in euch erkennen darf. Es ist mir eine Ehre, von euch zu lernen und mich begleitet zu wissen. Danke für euer Sein, das gemeinsame Lachen und jeden Moment des Erwachens, den wir teilen. Danke aus tiefster Seele, für die stille Kraft unserer Verbindung.

... an das Team von Knaur Balance | Danke, dass ihr erkannt habt, was die Numerologie für die Menschen tun und in ihnen bewirken kann. Danke, dass ihr mich gefunden habt. Ihr habt von Anfang an so viel in diesem Buch gesehen. Es wird Licht in die Welt tragen und es wird Herzen berühren – danke, dass ihr es möglich macht.

Mehr von mir

Gerne begleite ich dich über dieses Buch hinaus und zeige dir völlig neue Wege, wie du dein Leben mit viel mehr Klarheit und Leichtigkeit lebst. Ich freue mich, dich kennenzulernen!

Readings und Kurse
In einem persönlichen Numerologie-Reading vertiefen wir das Wissen, das du bereits über deinen kosmischen Code hast. Du lernst alles über das Zusammenspiel deiner Zahlenkräfte und wie du sie nutzt, um dein wahres Potenzial zu leben. Auf Instagram bleibst du auf dem Laufenden zu meinen regelmäßigen Workshops und Onlinekursen zum Thema Numerologie.

Ausbildung
Du möchtest Ganzheitliche Numerologie lernen? In der *School of Numbers* eröffne ich dir die ganze Welt der Zahlen! Alle Infos zu meiner 5-monatigen Online-Ausbildung findest du auf meiner Website.

Ätherische Öle
Ich bin Mitgründerin der Oilbuddys Community, bei der sich alles um *ätherische Öle* und ein erfülltes und freies Leben dreht. Mehr zu uns und den Ölen findest du auf meiner Website!

Kontakt
Website: www.janinagruber.de
Instagram: @janinagruber.de
Numerologie Podcast: Grow Your Numbers

Bildnachweis:

Alle Fotos mit Janina Gruber von Alexandra Maria Fotografie außer S. 44, 70, 73, 134, 180, 185, 220, 238 von Frau Herz // www.frauherz.de
Alle Goldelemente von le-tex publishing services GmbH, Leipzig, unter Verwendung einer Vorlage von Frau Herz mit Creative Market und detchana wangkheeree/Shutterstock.com
S. 28 Getty Images/iStock/Getty Images Plus/Mike_Kiev; S. 32 Rawpixel.com/Shutterstock.com; S. 58 Getty Images/iStock/Getty Images Plus/eclipse_images; S. 59 Getty Images/iStock/Getty Images Plus/JaysonPhotography; S. 66, 153, 223, 224, 231, 233, 252 Alice_illustrations/Shutterstock.com; S. 68 Getty Images/iStock/Getty Images Plus/Rastan; S. 78 Getty Images/iStock/Getty Images Plus/ipopba; S. 148 Getty Images/iStock/Getty Images Plus/The7Dew; S. 151 Getty Images/iStock/E+/yasinemir; S. 155 Alice_illustrations/Shutterstock.com; S. 161 Getty Images/iStock/Getty Images Plus/Davizro; S. 168 Getty Images/iStock/Getty Images Plus/1933bkk; S. 166 Getty Images/iStock/Getty Images Plus/1933bkk; S. 181 Getty Images/iStock/Getty Images Plus/pepifoto; S. 193 l i g h t p o e t/Shutterstock.com; S. 197 Getty Images/iStock/E+/recep-bg; S. 201 Getty Images/iStock/Getty Images Plus/kieferpix; S. 212 Getty Images/iStock/Getty Images Plus/pepifoto; S. 219 Alice_illustrations/Shutterstock.com; S. 221 Getty Images/iStock/Getty Images Plus/SolStock; S. 221 Getty Images/iStock/E+/Georgijevic; S. 222 Getty Images/iStock/E+/Jecapix; S. 222 Getty Images/iStock/E+/Nikada; S. 223 Getty Images/iStock/E+/vorDa; S. 223 Getty Images/iStock/Getty Images Plus/SeventyFour; S. 223 Getty Images/iStock/E+/ FG Trade; S. 225, 226, 233, 235, 254 Alice_illustrations/Shutterstock.com; S. 226 Mr. Timoty/Shutterstock.com